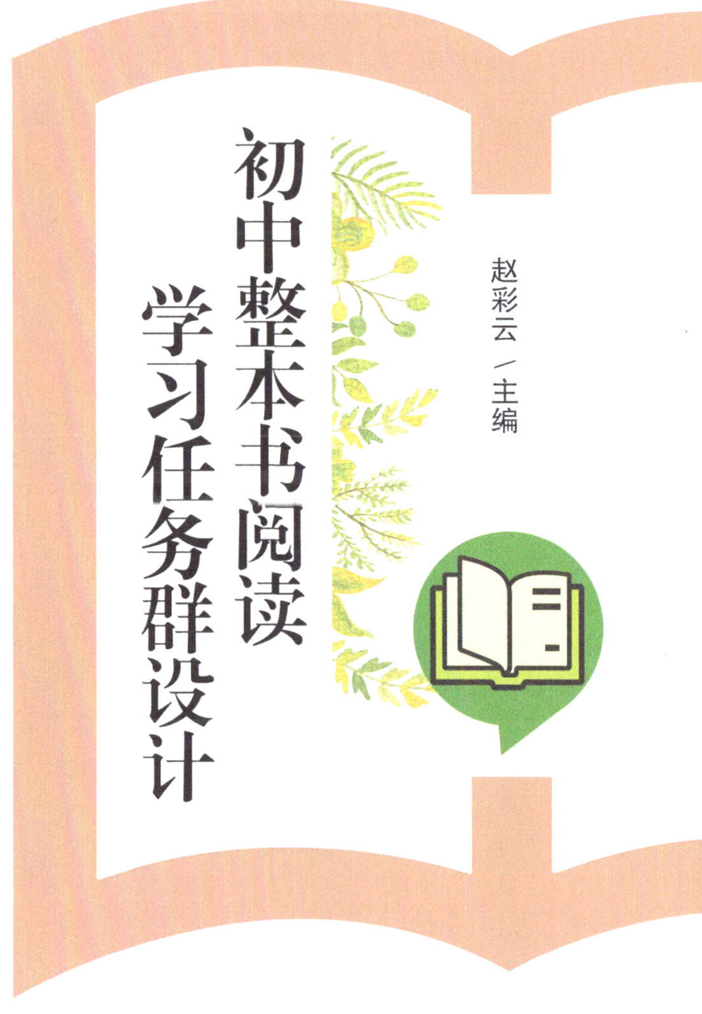

初中整本书阅读学习任务群设计

赵彩云 / 主编

中国文联出版社

图书在版编目（CIP）数据

初中整本书阅读学习任务群设计 / 赵彩云主编. —
北京：中国文联出版社，2024.2
ISBN 978-7-5190-5384-0

Ⅰ. ①初… Ⅱ. ①赵… Ⅲ. ①阅读课—教育设计—初
中 Ⅳ. ①G633.332

中国国家版本馆CIP数据核字（2024）第039533号

主　　编　赵彩云
责任编辑　刘　旭
责任校对　秀点校对
装帧设计　刘贝贝　李　娜

出版发行　中国文联出版社有限公司
社　　址　北京市朝阳区农展馆南里10号　　邮编　100125
电　　话　010-85923025（发行部）　010-85923091（总编室）
经　　销　全国新华书店等
印　　刷　三河市龙大印装有限公司

开　　本　710毫米×1000毫米　1/16
印　　张　12.75
字　　数　209千字
版　　次　2024年2月第1版第1次印刷
定　　价　68.00元

目录

七年级

上册

采撷遗失的美好

——《朝花夕拾》整本书阅读学习任务群

佛山市顺德区勒流新球初级中学　杨　清

一、整本书分析

《朝花夕拾》是统编教材七年级上册名著导读篇目，是鲁迅的回忆性散文集。课本将本书的阅读定位为“消除与经典的隔膜”。

（一）作者简介

鲁迅（1881—1936），浙江绍兴人，中国现代伟大的文学家、思想家和革命家。原名周樟寿，字豫才，后改名周树人。鲁迅作品题材广泛，形式多样灵活，风格鲜明独特，语言幽默。主要作品以小说、杂文为主，代表作有：小说集《呐喊》《彷徨》《故事新编》等；散文集《朝花夕拾》；散文诗集《野草》；杂文集《坟》《热风》《华盖集》《华盖集续编》《南腔北调集》《三闲集》《二心集》《而已集》《且介亭杂文》等。

（二）内容梗概

《朝花夕拾》创作于1926年，是鲁迅所写的唯一一部回忆性的散文集，共10篇文章。原名《旧事重提》，后改为《朝花夕拾》，“朝”表示早年时期，“夕”表示晚年时期，意思是早上的花晚上来拾，这里指鲁迅先生在晚年回忆童年时期、少年时期、青年时期的人和事。前5篇写于北京，后5篇写于厦门。

此文集作为“回忆的记事”，多侧面地反映了作者鲁迅青少年时期的生活，形象地反映了他的性格和志趣的形成过程。前7篇反映他童年时代在绍兴的家庭和私塾中的生活情景，后3篇叙述他从家乡到南京，又到日本留学，然后回国教书的经历。

（三）文本价值分析

这本回忆性散文集，在回顾自己过往的经历时，鲁迅写了许许多多人和事，既有对人间美好的温情回忆，也有对旧中国种种灰暗现实的有力抨击。他爱人间的美好、温暖，也憎人生路上遭遇的无知、冷漠。作品在对往事的回忆中，浸透着鲁迅先生作为一个成熟的文学家、思想家的忧国忧民与理性沉思，给学生精神成长提供养料。

本书以简洁舒缓的文字描述往事，又不时夹杂着有趣的议论或犀利的批判，既有散文的温情，又有杂文的睿思，如《狗·猫·鼠》开篇对庸俗人事的批判，但更多的是通过富含深意的叙述和细节刻画来体现的。语言艺术达到了很高的成就，简洁洗练而又韵味深长，时而尖锐辛辣，时而温暖柔和。在刻画人物、描绘场面时多用简笔，寥寥数语，却十分传神，有时又用工笔细描，层层点染，让读者的感受真切而强烈，对学生语文素养的提升极具意义。

二、教学目标

（1）了解整本书文体特点，熟悉全书内容，理解每篇散文的思想内涵。

（2）通过通读、精读、专题阅读等活动，深入理解作品表达的情感。

三、学情分析

七年级的学生普遍反馈本书难读，难在“温馨的回忆”中夹杂着“理性的批判”，难在轻松的叙述中掺杂着理性的思考。本设计试着用符合七年级学生思维特点的活动，通过真实的情境——鲁迅诞辰140周年给北京鲁迅博物馆布置展厅的形式，通过带领学生完成主题项目式的多个任务来走进经典，消除与经典的隔膜。

四、阅读规划

全书由《小引》《后记》和10篇文章组成，篇幅都比较短小，字数适中，阅读起来相对比较轻松。

（一）阅读规划

表1

阅读阶段	具体时间	阅读具体内容	阅读重点
快速通读阶段	第1周	《小引》《狗·猫·鼠》《阿长与〈山海经〉》	注意了解各篇大意；简要记录阅读感悟
	第2周	《二十四孝图》《五猖会》	
	第3周	《无常》《从百草园到三味书屋》	
	第4周	《父亲的病》《琐记》	
	第5周	《藤野先生》《范爱农》《后记》	
重点比读阶段	第6周	《阿长与〈山海经〉》《从百草园到三味书屋》等	查阅背景资料，多角度深研，形成自己的读书心得
	第7周	《从百草园到三味书屋》《五猖会》等	
	第8周	《藤野先生》《琐记》《范爱农》等	
专题研读	第9周	“我也是文化非遗人”——文化传承	归纳与概括，对比与拓展，形成研究报告
	第10周	“教育应有的春天”——儿童教育观	

（二）阅读建议

1. 快速通读，初识经典

采用快速通读的方法，粗略浏览各篇，在此过程中不细究每个字、词、句的含义，但要注意了解各篇大意。如果有任何感悟，可以先用三两个词简要记录，待到精读时再作探究。

2. 重点精读，走进经典

在阅读过程中，要注意记下自己的疑惑，然后通过精读文章、查阅背景资料、借助注释、文本互读以及与父母、老师、同学讨论等方法，仔细推敲，力求解除疑惑，最后将自己精读探究的成果写成读书心得。在此前提下，可以召开一次阅读交流会，通过交流，实现从读懂单篇向读懂整本书过渡。

3. 专题探究，研读经典

课堂设定几个专题，全班一起进行研讨。比如：文化传承的那些事儿、鲁迅的儿童教育观念等。

五、学习任务群设计

（一）任务群导航

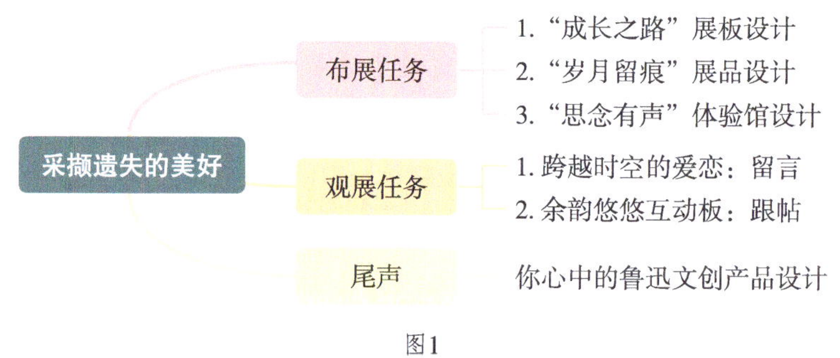

图1

（二）任务群设计

情境设计：2021年是鲁迅诞辰140周年。为此，北京鲁迅博物馆决定举办一次大型展览活动，主要围绕“什么是路”“铁屋中的呐喊”“麻木的看客”和“这样的战士”四个主题布置展览。咱们班收到了博物馆的邀请，要求同学们围绕“什么是路”和“铁屋中的呐喊”两个主题，完成第一个展厅的布置。同时，部分同学作为参观者，进行沉浸式观展体验。

“什么是路”主题活动

布展 · 任务一：“成长之路”展板设计

展厅入口拟布置多块展板，图文并茂地介绍鲁迅的成长历程，让参观者快速了解鲁迅先生。阅读全书，用时空经纬线，梳理鲁迅成长过程中的有趣经历，写一篇解说词，完成展板设计。

要求：

①可按照时间、空间等恰当的顺序进行梳理。

②配上两张到三张插图。

③每篇解说词不超过300字。

知识链接

解说词

解说词是口头解释、说明事物的文体。往往事先拟好文稿，通过对事物的准确描述、渲染，感染观众或听众，使其了解事物的实情、状态和意义，力争收到宣传效果。

解说词有电影电视解说词、文物古迹解说词、专题展览解说词、幻灯解说词、导游解说词等，帮助观众在观看实物和形象的过程中加深感受，发挥视觉作用的同时发挥听觉作用。

设计意图：设计这个活动，指向名著内容梳理。目的是引导梳理文本，熟悉鲁迅的成长经历，训练思维的条理性。同时，利用制作图配文的形式，既训练学生归纳概括能力，也使阅读活动与现实生活结合起来，让名人的生活立体化、生动起来。

学生作品：

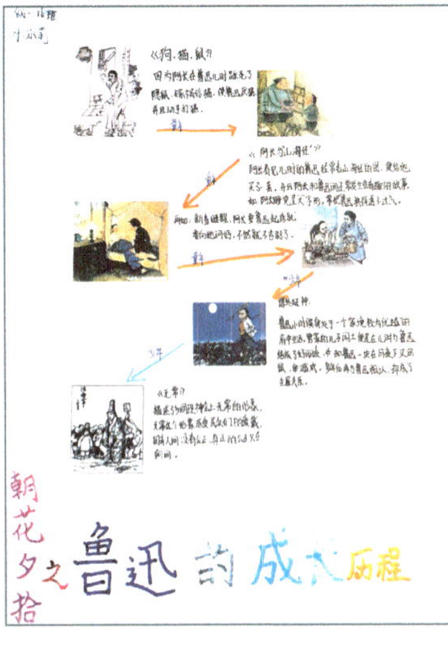

图2

观展·任务二：跨越时空的爱恋——留言

博物馆工作人员在展板下方的桌子上放了一个留言手账，鼓励大家分享各自的童年经历，请以“尊敬的鲁迅先生，听到您讲……故事，我想轻轻地告诉您……”为开头，写一段你的童年故事，跟大文豪来一场跨时空的交流。

学生作品：

图3

布展·任务三："岁月留痕"展品设计

（1）中心展区有一排玻璃陈列柜，拟在陈列柜中摆放一些承载鲁迅生活痕迹的有代表性的物件，参观者透过这个展览，看见名人生活，让名人的生活具象化、立体化。请你从《朝花夕拾》中，挑选一两个老物件，写上介绍词，参加展馆展览。

可供选择的老物件：《山海经》《二十四孝图》《鉴略》；黑白无常绣像、《荡寇志》《西游记》绣像；人形的何首乌、败鼓皮丸、添改过的讲义、绣花的弓鞋……

介绍词示例：

表2

物件插图	
名称	带画的《山海经》
出处	《阿长与〈山海经〉》
入选理由	《山海经》是长妈妈为小鲁迅买回来的，是小鲁迅心心念念的最珍爱的东西，《山海经》寄托着长妈妈对小鲁迅无私的、真挚的、淳朴善良的爱。也因为这件事，小鲁迅原谅了长妈妈"谋死"自己隐鼠的事，并且对她充满了敬意。而成年后的鲁迅回忆起这件事，一直对长妈妈充满深挚的怀念之情！这本带画的《山海经》送去展览，既能让参观者了解长妈妈的为人，了解鲁迅小时候的家庭生活，也能令读者了解成年后的鲁迅对童年生活怀念的缘由，更能理解《朝花夕拾》的写作意图

设计意图：这个活动设计，指向名著内容的再现，旨在提升学生的阅读兴趣，以物品为载体，再现作品内容，用简单有趣的方式走进名著，拉近作品与生活的距离，消除与经典的隔膜。

学生作品：

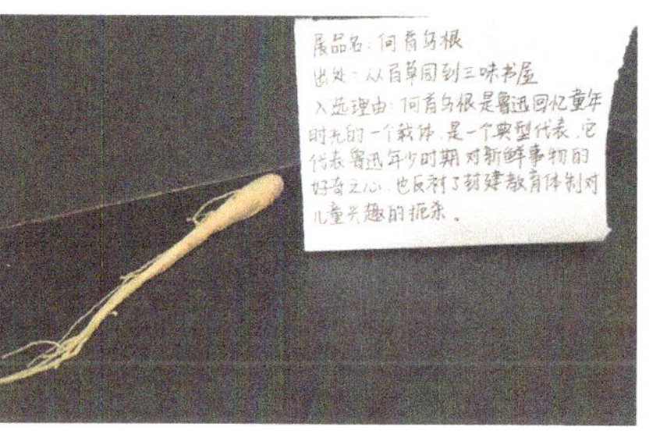

图4

（2）总有一些人，来过，留痕。鲁迅生命中也来过一些鲜活生动的人物，请任选一位，给他（她）绘制一张名片笺，放入玻璃陈列柜的另一个区域。

要求：名片笺大小适合放入“钱包夹”；内容包括人物肖像图、性格特点、跟鲁迅的关系、鲁迅对其的感情等。

设计意图：这个活动设计意在引导学生关注名著人物，用活泼灵动又符合七年级学生心理的方式走近人物，消除与经典的隔膜。

学生作品：

鲁迅（1881年9月25日－1936年10月19日），原名周樟寿，后改名周树人，字豫山，后改字豫才，浙江绍兴人。

别名：长庚、风声、尊古等……

性格：保持独立人格、真情真实、责任感、使命感。

关于鲁迅的名言：

1. 横眉冷对千夫指，俯首甘为孺子牛。
2. 做一件事，无论大小，倘无恒心，是很不好的。
3. 人生得一知己足矣，斯世当以同怀视之。
4. 倘只看书，便变成书橱。

黄贝玲 初一（11）班

图5

“铁屋中的呐喊”主题活动

布展·任务一：“思念有声”体验馆设计

（1）朗诵脚本设计。展览馆角落放着一台留声机，全天候滚动播放《朝花夕拾》录制音频，用声音演绎着书中人物的活动。请阅读文本，选取你最感兴趣的片段改编台词，设计音频配文脚本。可参考下表示例：

表3

主要人物	长妈妈、迅哥儿
主要场景	长妈妈教规矩
台词及音频配文	长妈妈：哥儿，你牢牢记住！（极其郑重地） 长妈妈：明天是正月初一，清早一睁开（重读）眼睛，第一句话（重读）就得对我说：“阿妈，恭喜恭喜！”记得么？（急切地、眼巴巴地） 长妈妈：你要记着，这是一年的运气的事情。不许说别的话！（严肃）说过之后，还得吃一点福橘。（停顿一会儿）那么，一年到头，顺顺溜溜……（高兴） 迅哥儿：呃？（扬升调。疑惑） 长妈妈：快！（急切） 迅哥儿：啊！（降抑调。恍然大悟）阿妈，恭喜……（无奈地） 长妈妈：恭喜恭喜！大家恭喜！真聪明！恭喜恭喜！（鼓掌声。愉快地、开心地）

设计意图：通过本活动，让学生选择自己最感兴趣的童年鲁迅的生活片段，用自己的语言改编，为音频设计文案配音，既能激发学生阅读兴趣，又能让学生走进童年鲁迅的生活，拉近与童年鲁迅的距离，拉近与整本书的距离，消除与经典的隔膜。

学生作品：

吴凯桐 (9)

《父亲的病》

"名医"："我所有的学问都用尽了。这里还有一位陈莲河先生，本领比我高，我荐他来看一看，我可以写一封信，可是，病是不要紧的，不过经他的手可以格外好得快……"（极其诚恳地说）

陈莲河："我有一种丹，点在舌上，我想一定可以见效。因为舌乃心之灵苗……价钱也不贵，只要两块钱一盒……"（说着还比着拿丹药点在舌上的动作。）

父亲："我这样用药还会不大见效。"（自言沉思与停顿。）（低声）

衍太太："哎呀！你父亲要断气了。快叫呀！"（催促地说）（似乎有点着急）（拍了拍鲁迅的背）

鲁迅："父亲！父亲！"（轻声地叫喊着）

衍太太："大声！他听不见。还不快叫？！"（催促）

鲁迅："父亲！！父亲？！"（呐喊上扬调）

衍太太："叫呀！快叫呀！"（催促）（着急跺脚）

鲁迅："父亲！！"（呐喊）

父亲："什么呢？……。不要嚷……。不……"（低声说，虚弱）

鲁迅："父亲！！"（不停叫唤，声音越叫越大声）

闫

《朝花夕拾》之"思念有声"朗诵脚本设计

姓名：彭希雯　班级　一（15）班

主要人物	衍太太、迅哥儿
主要场景	衍太太暗中使坏
主要事件及台词设计	衍太太："好，再吃一块。我记着，看谁吃得多！"（手舞足蹈的指着那凛浮的冰块，和蔼可亲的翘着下巴） 衍太太："你看，你知道这是什么？"（翘着手指摩挲着书页，目光里仿佛有着挑逗的意味，时不时发出一切哝哝窣窣的窃笑） 迅哥儿：呃？（疑惑不解的打量着页面） 衍太太：嘻嘻嘻嘻（埋着头阴险地笑着） 衍太太："好，八十一个了！再旋一个，八十三！好，八十四！"（鼓着掌跺着脚，眯着眼睛嘴咧的可大，音调高的出奇。） "咯噔"，有人上场（沉重的脚步声），阿祥的婶母走进来。 正在旋着的阿祥，忽然摔倒了……（扑通，有人摔倒的声音） 衍太太："你看，不是跌了么？不听我的话，都叫你不要旋……不要旋……"（斜着眼睛撇着嘴细声细语叮嘱，目光游离在婶母身上，手指还不断指点江山般的戳着阿祥的脑袋上）

图6

（2）“思念有声”寄语设计。留声机每播完一个音频，都将插播鲁迅先生的回复语。请分别以童年鲁迅和成年鲁迅的视角对“思念有声”音频中的人或事录制一两句话作为寄语，或跟记忆深处的他（她）对话，说说鲁迅当年或此刻的感受。

参考示例：

童年鲁迅：寿镜吾先生，虽然平时在三味书屋读书学习，您并不经常使用您的铁戒尺，您对我的读书表现也似乎很满意，但是，您为什么不愿意回答我的问题呢？我很想知道“怪哉”是怎么一回事啊！难道满足小孩子天生的好奇心都是大逆不道的事情吗？

成年鲁迅：寿镜吾先生，我现在理解您作为一个私塾先生当年不愿意回答我“怪哉”这一问题的缘由了，您是封建教育制度下培养的读书人，您有您的局限，我理解。无论如何，我至今对您充满感激和尊敬，您是一个宽容且善良的先生，您也是一个方正质朴、学识渊博的先生，感谢您！

观展 · 任务二：余韵悠悠互动面板——跟帖

展厅出口留言互动区放了一台电脑，拟针对《朝花夕拾》里涉及的一些现象，以“主题吧跟帖”的形式，让参观者互动讨论。请选择你喜欢的主题吧参与跟帖讨论。

（1）“教育应有的春天”主题吧。（#读书#《朝花夕拾》里很多篇目涉及了家庭教育的问题，读经典，可以帮我们思考许多人生问题。鲁迅对家庭教育有哪些思考？你向往的家庭教育是怎样的？）

（2）“我也是文化非遗人”主题吧。（#读书#因为一本《朝花夕拾》，于是有了流行歌曲《中华民谣》“朝花夕拾杯中酒”，这是一种文化的传承，一种思想的联网与接轨。你觉得本书还有哪些文化或者思想可以延续到你的生活中吗？）

设计意图：这个活动，主要目的是引导学生关注读书的深度。以学生喜闻乐见的网络跟帖方式，既符合七年级学生的思维发展，也能让学生在跟帖探究中发散思维，锻炼思维的深刻性，属于能力层级较高的一项活动。

学生跟帖示例：

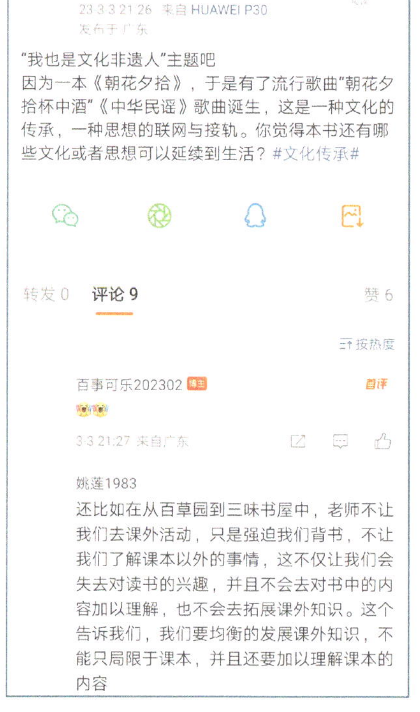

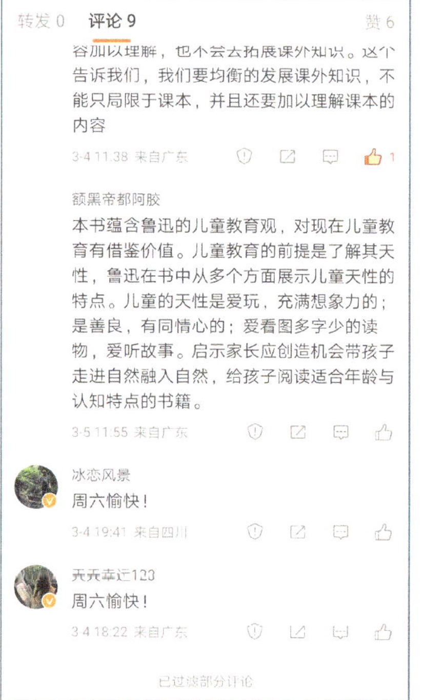

图7

参展·尾声任务三：文创产品征集

为了让本次展览更深入人心，博物馆拟面向所有参观者征集《朝花夕拾》同题文创产品。

要求：

① 围绕“我心中的鲁迅”或以“一句话读懂《朝花夕拾》”为主题进行设计。

② 作品形式不限，可以是纸扇、书签、钥匙扣、明信片等。

③ 可结合其他与鲁迅相关的作品进行拓展，如萧红《回忆鲁迅先生》或课外阅读、网络、影视了解的鲁迅等。

设计意图：设计本活动，引导学生对整本书阅读进行回顾总结，通过活动拉近学生与鲁迅的距离，拉近与本书中鲁迅童年生活的距离，达到教材“消除与经典的隔膜”这一阅读目的。

学生作品：

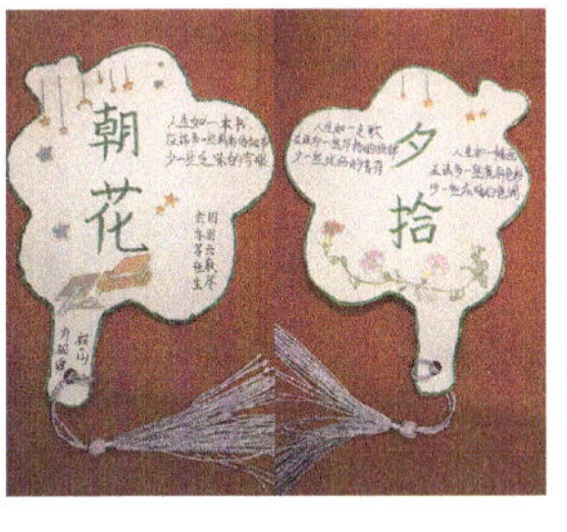

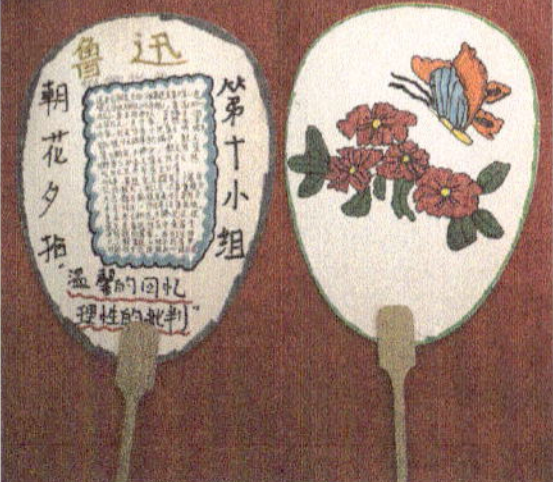

图8

还五圣本色，探成长足迹

——《西游记》整本书阅读学习任务群

佛山市顺德区伦教周君令初级中学　毛瑞云

一、整本书分析

《西游记》是统编教材七年级上册的名著导读篇目，是中国古典四大名著之一，也是中国古代第一部浪漫主义章回体长篇神魔小说。该名著被安排在统编教材七年级上册第六单元，本单元的人文主题是“想象世界”，阅读方法、训练重点为快速阅读。教材将本书的阅读定位为“精读和跳读”。

（一）作者简介

吴承恩（约1500—约1582），字汝忠，号射阳居士，又称射阳山人，南直隶淮安府山阳县河下（今江苏淮安）人，祖籍安东，明代文学家。吴承恩生活在弘治到万历时期，由于官场的失意、生活的困顿，吴承恩加深了对封建科举制度、黑暗社会现实的认识，于是运用志怪小说的形式来表达内心的不满和愤懑。《西游记》就是吴承恩晚年回故乡隐居时写成的。

（二）内容梗概

《西游记》是一部以“玄奘取经”这一历史事件为蓝本，经过艺术加工反映明代社会现实的神魔小说。小说主要记叙孙悟空出世及大闹天宫后，遇见唐僧、猪八戒、沙僧和白龙马，西行取经，一路上历经艰险、降妖伏魔，经历了九九八十一难，终于到达西天见到如来佛祖，最终五圣成真的故事。《西游记》全书分为三大部分：前七回讲孙悟空的身世和大闹天宫的故事；第八回到

第十二回介绍唐僧，交代西天取经这一中心事件的由来；第十三回到第一百回是小说故事的主体，讲述唐僧师徒取经路上战胜无数妖怪，历经重重磨难，终于到达西天，取回真经的故事。

（三）文本价值分析

1. 体现立德树人、以文化人的要求

《西游记》的思想主题较为复杂，儒、释、道都有涉及，后世对它的主题的阐释也多种多样。但对青少年而言，《西游记》更像是一个励志故事，可以让人汲取“成长”的养分，锻造成长必备的积极品质：树立理想、不畏艰险、勇往直前、团结协作、坚韧不拔、积极乐观。此外，吴承恩以神魔故事的形式来抨击昏暗的社会现实，在一定程度上可以引发学生对社会现实的观照，增进学生关心社会的兴趣和情感。

2. 有利于提升学科核心素养

《西游记》故事情节引人入胜，描绘了一个色彩缤纷、神奇瑰丽的幻想世界，创造了一系列妙趣横生、引人入胜的神魔故事。学生在关注故事情节时，就能获得较为丰富的审美体验，甚至自发改写或续写创造新故事，有利于培养创造美的能力。《西游记》开了浪漫主义先河，充满天马行空的想象和大胆奇特的夸张，容易激发学生的好奇心，激活想象力，促进思维的敏捷性、独创性发展。书中个性鲜明的人物形象的塑造，离不开个性化的语言，生动活泼而又准确，是学生正确、规范运用语言文字描写人物极好的范本。

二、教学目标

（1）通过撰写自我介绍、课本剧演绎，揣摩人物心理，理解人物形象的多面性。

（2）发微信朋友圈加深对小说情节、人物、主题的理解，尝试进行简单的评论。

（3）绘制思维导图、棋盘设计、折页漫画，学会跳读，提升甄选辨别能力。

（4）通过圈点批注、摘录卡学习精读，培养语言鉴赏能力，启发批判性思维。

（5）创作新故事，体验神魔小说故事情节的曲折性和趣味性，培养想象力。

（6）对比阅读影视改编作品与原著的人物形象，多角度理解名著主题，收获成长感悟。

三、学情分析

《西游记》是家喻户晓的中国古代四大名著之一，很多经典故事都为青少年所熟知。小学阶段阅读过简化本的《西游记》，或者通过影视剧、动画片、电影等媒介形式了解过，如张纪中版电视剧《西游记》、动画电影《悟空传》《大圣归来》等。但真正读过原著的人却很少。因此，推进《西游记》整本书阅读，需要在以下几方面下功夫：

（1）立足学生已知内容，从趣味性入手，打破学生的轻视心理和固有认知心理图式。

（2）进行阅读方法指导，关注因阅读方法不当导致阅读进程缓慢或阅读无效的情况。

（3）挖掘名著的育人价值，进行价值观的渗透，避免把名著沦为消遣化、游戏化的阅读。

四、阅读规划

表1

阅读阶段	阅读时间	阅读回目	阅读重点	活动任务
第一阶段分回目阅读活动	第1周	第1—7回	孙悟空大闹天宫	撰写悟空自我介绍
	第2周	第8—15回	观音劝三徒拜师唐僧	绘制师徒身份证
	第3周	第16—22回	大闹黑风山、高老庄招亲	
	第4周	第23—31回	四圣试禅心、三打白骨精、智激美猴王	制作成长精读卡、演绎成长小剧
	第5周	第32—42回	智取红孩儿	
	第6周	第43—52回	车迟国斗法	
	第7周	第53—61回	女儿国遇难、真假美猴王、三借芭蕉扇	
	第8周	第62—71回	荆棘岭悟能努力	设计西游版“大富翁”游戏
	第9周	第72—83回	盘丝洞除妖、狮驼岭斗三魔	
	第10周	第84—100回	二仙收人事、五圣成真	

续 表

阅读阶段	阅读时间	阅读回目	阅读重点	活动任务
第二阶段整本书研读及阅读展示	第11—12周	整本书内容回顾、阅读成果展示	从孙悟空的称呼变化看成长、探讨孙悟空三次离开取经团队的点滴变化	绘制西游人物成长折页漫画 发“西游改编之我见”朋友圈

五、学习任务群设计

（一）任务群导航

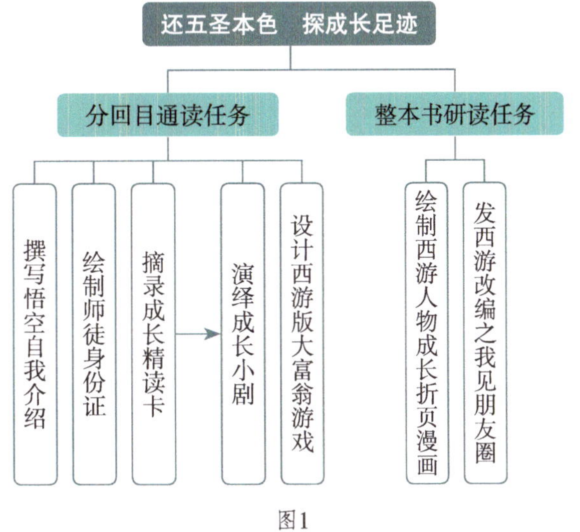

图1

（二）任务群设计

情境创设：近年来，《西游记》被多次改编后搬上银幕，比如动画片《西游记》、电视连续剧《西游记》（1986年版）、电影《悟空传》《大圣归来》等。但是，这些作品的演绎，是否符合原著中的西游人物形象呢？

让我们翻开《西游记》原著，认清师徒五人的本来面目，追溯其成“圣”足迹，也开启属于我们的成长之旅吧！

第一阶段　分回目通读任务群

任务一：阅读第1—7回大圣的过往——撰写悟空自我介绍

动画电影《大圣归来》开篇中，当小江流发现悟空时，悟空正被压在五行山下，但影片没有具体呈现悟空遭遇此难的原因。

请以“五百年前的我”为题，以孙悟空的口吻，写一篇自我介绍稿，字数300字左右，在全班展示。

设计意图：此活动旨在引导学生梳理归纳孙悟空取经前的经历。以10分钟的《大圣归来》动画电影设置悬念，激发学生的阅读兴趣。而口头表达“自我介绍”的形式，又能检测学生对悟空前期人物性格的理解，也符合七年级学生自我表现欲较强的心理特点。

学生作品：

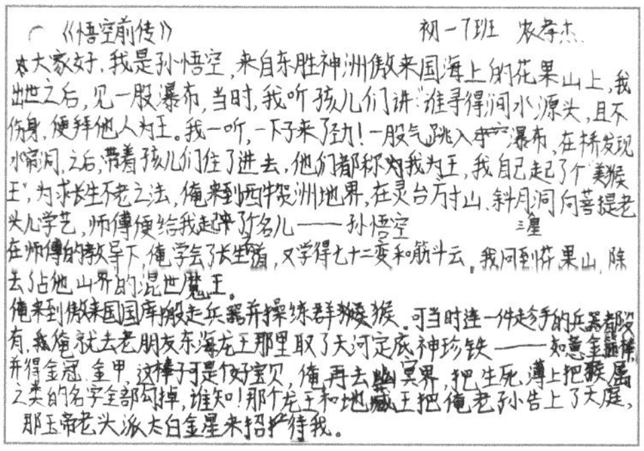

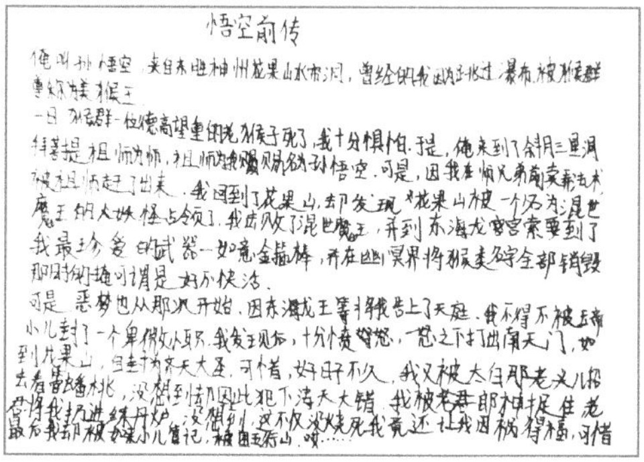

图2

任务二：阅读第8—22回五圣的名号——绘制师徒身份证

在不同的影视作品中，大家对孙悟空有诸多称呼。你知道这些称呼是孙悟空在什么情形下获得的吗？师徒其余四人又分别有着哪些身世故事和名号呢？

请你任选两位人物，为他们绘制通关身份证。

要求：①跳读圈画人物名号，选择你最喜欢的两位人物，各绘制一张人物身份证。②必备身份信息：人名、名号、大头像、武器、身世介绍、相关情节名。

知识小卡片

跳 读

跳读，是快速、跳跃式地阅读文章，以了解其内容大意的阅读方法。

跳读方法主要有选择阅读、主动舍弃、有意忽略。在阅读《西游记》时，可以根据回目跳读、内容跳读（如描写环境气氛的诗词、一些情节简单套路雷同的降妖伏魔故事可以略而不读）、关键词句跳读（根据阅读目的，只读自己需要的和特别设定的关键词句，其余内容跳过不读）。

设计意图：以人物通关身份证的设计引导学生关注师徒五人的人物形象，贴合生活实际，在一定程度上能激发学生的创作兴趣，达到以用促读的目的。另外，人物名号的变化过程，也是人物成长蜕变的过程。此活动，为整本书研读阶段的成长、折页漫画主角选择打下基础。

学生作品：

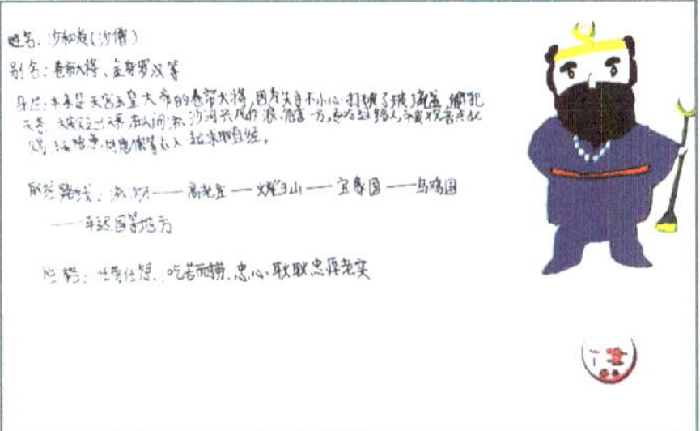

图3

任务三：阅读第23—61回大圣的“高光时刻”——制作成长精读卡/演绎成长小剧

《西游记》中很多精彩故事，采用的都是“三复情节”的叙述模式，值得我们精读。在“三复情节”的故事中，你能发现大圣的变化吗？你对情节的设计有什么疑惑吗？

请你选择书中一个属于“三复情节”的降妖除魔故事，在原文圈点勾画人物的动作、语言，批注人物形象、补充勾连前后情节和因果关系，并摘录语段设计一张精读卡片或小组合作演绎成课本剧。

知识小卡片

三复情节

中国古代小说中，经过三次重复才能完成的情节，叫作“三复”情节。这种情节的特点是：同一施动人向同一对象做三次重复的动作，取得预期效果，每一次重复都是情节的层进，从而表现为起—中—结的形态。可以说“三复”情节是中国古代小说一种耐人寻味的模式，一个突出的美学现象。

——杜桂展《古代数字“三”的观念与小说的“三复”情节》

精 读

精读法，就是对经典著作、重点文章材料等，逐字逐句仔细阅读，由表及里精思熟读的一种阅读方法。精读，就是细读、精思、鉴赏，要对作品的精彩内容、缜密结构、独特写法、精妙语言和深刻思想等，有细腻的感受、独到的发现和广泛的思考。圈点批注法、摘录法是较为常用的精读方法。

表2

“西游取经课本剧”评分表					
×××组别	剧目	情节正确 完整性 （40分）	人物形象 鲜明性 （40分）	节目表演 吸引性 （20分）	总得分 （100分）
	三打白骨精				
	车迟国斗法				
	三借芭蕉扇				
	……				
情节故事完整性			◎符合主题，情节顺序正确完整 ◎大部分情节正确，但有个别错误 ◎内容有3处以上错漏		40 30 20
人物形象鲜明性			◎合理添加细节，形象刻画符合原著 ◎基本演出人物性格形象 ◎人物形象不明显，没有区分度		40 30 20
节目表演吸引性			◎制作道具，表演方式有创意 ◎能基本投入演绎，抓住眼球		20 10

设计意图：《西游记》的精彩故事主要集中在前六十回。以“三复”情节串联的形式，一方面期待学生精读经典取经故事，能综合运用批注、摘录等多种精读法；另一方面关注情节前后的勾连、照应关系，也发现“三复”情节的曲折均衡的结构之美。精读卡制作有思维难度，演绎取经课本剧活泼有趣，分层次设置任务，让学生根据自身兴趣和能力做出选择。

学生作品：

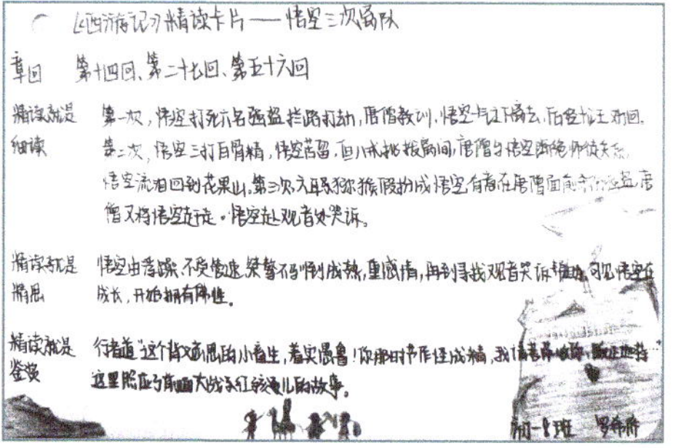

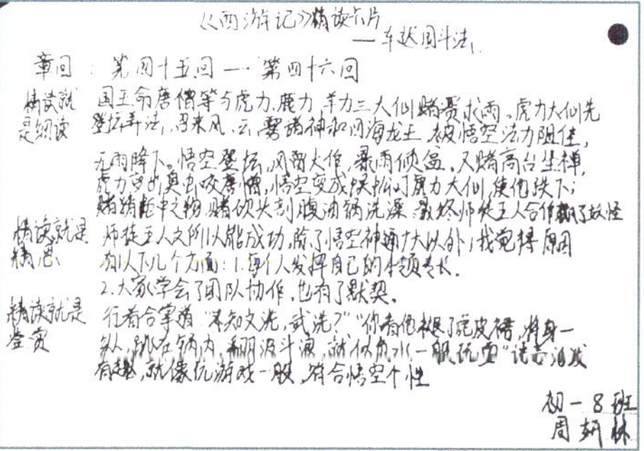

图4

任务四：阅读第62—100回大圣的“成长通关”——设计“大富翁”棋盘游戏

请你依据《西游记》第62—100回的内容，设计简易版“大富翁”棋盘游戏。

要求：六人小组合作完成。

① 小组讨论，制定并撰写游戏规则，创新设计好关卡、奖惩方式等。

② 梳理师徒五人的取经路线，挑选其中15个地名绘制成棋盘路线。

③ 依据取经故事，每个地点设置1张任务卡，任务形式要灵活有趣。

设计意图：《西游记》的经典情节集中在前六十回，后四十回的故事叙述模式和前面章节有雷同之处，所遇妖怪的形象塑造个性不太明显，对学生的吸引力不足。立足名著内容设计棋盘游戏，一方面期待以此激发其阅读兴趣，引导其持续关注故事情节；另一方面也希望借助任务卡的设计，训练跳读的阅读方法，激活创造力，也为研读阶段绘制“成长”折页漫画做准备。

学生作品：

西游大富翁
金光寺
荆棘岭
ready go!
good

达王麒麟山
接招吧！
认真回答 很简单！！

小雷音寺
西游版
大富翁

西游记——小雷音寺

无底
玉华县
西游版
大富翁
空
静
退退退
红灯

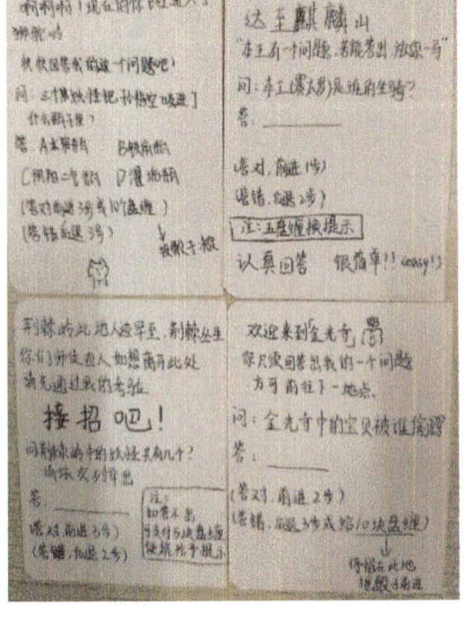

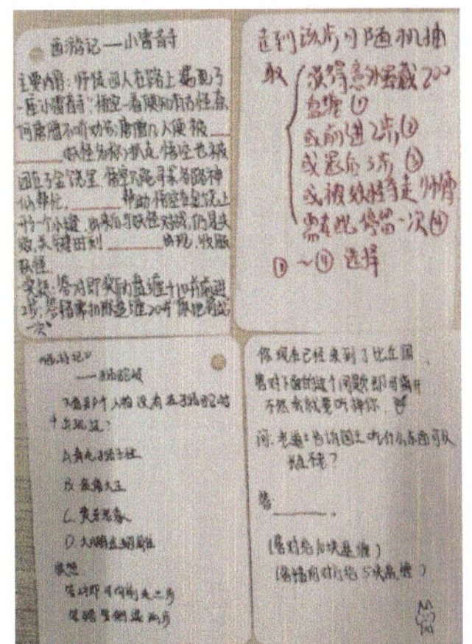

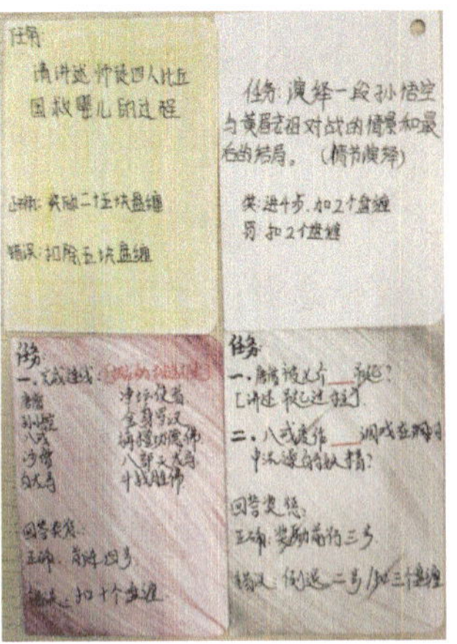

图5

第二阶段 整本书研读任务群

任务一：绘制西游人物成长折页漫画

回读整本书，围绕一个成长主题词，绘制一份4—6折的西游人物折页漫画。

要求：六人小组合作完成。

① 选择一个人物（师徒、妖魔皆可），自定成长主题；②每折1个故事，图文并茂，文字精简，图文贴合；③根据主题发挥想象，试着自己创编一个取经新故事。

表3

人物成长折页漫画评价表				
评价范畴	评价项目	等级与分数	小组互评	教师评
作品图案（40分）	1. 图案的精美程度； 2. 图文的贴合程度； 3. 色彩的搭配情况	A：31—40分； B：21—30分； C：10—20分		
作品内容（40分）	1. 情节表述的精准性； 2. 文字的逻辑关联度； 3. 文字表达简洁程度	A：31—40分； B：21—30分； C：10—20分		
作品封面（10分）	1. 封面主题的恰当性； 2. 封面主题的文采性； 3. 图文配合的贴合性	A：8—10分； B：4—7分； C：1—3分		
作品创新（10分）	1. 在故事上予以创新； 2. 在图片上予以创新； 3. 在排版上予以创新	A：8—10分； B：4—7分； C：1—3分		
总分				

设计意图：绘制成长主题折页漫画，对学生思维深度、创新度要求较高，不仅需结合前后勾连内容选题—整合故事绘制—创意表达撰写—发挥想象编写新故事—口头表达推荐，还需要综合运用语文、美术、传媒等各学科的技能，是跨学科作业，稍有挑战难度，适合小组合作共同完成。

学生作品：

图6

任务二：发“西游改编之我见”朋友圈

动画片《西游记》、电视连续剧《西游记》（1986年版）、电影《悟空传》《大圣归来》等，这些影响深广的“西游系列”作品的演绎，是否贴合原著中的人物形象呢？请你以“经典文学作品是否可以改编”为主题，写一段200字左右的文字，发在你的微信朋友圈。

设计意图：通过经典名著与改编的影视作品对比，以学生喜闻乐见的方式，尝试简短评论，既考虑到学生的阅读兴趣，又可以加深学生对主人公人物形象的把握，感受其性格的多面性、复杂性，还能引导学生挖掘阅读经典名著的现实意义。

学生作品：

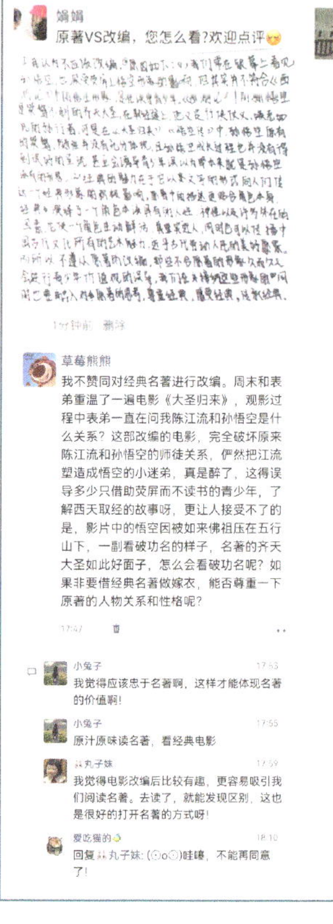

图7

七年级

下册

品跌宕人生，悟时代百态

——《骆驼祥子》整本书阅读学习任务群

佛山市顺德区陈村镇初级中学　周素芳
佛山市顺德区华南师范大学附属北滘学校　王丽君

一、整本书分析

《骆驼祥子》是部编版七年级语文下册必读名著之一，也是中国现代作家老舍先生的长篇代表作之一。课本将本书的阅读定位为“圈点与批注的小说阅读”。

（一）作者简介

老舍（1899—1966），原名舒庆春，字舍予，另有笔名絜青、鸿来、非我等。北京满族正红旗。中国现代小说家、语言大师，新中国第一位获得“人民艺术家”称号的作家。代表作有小说《骆驼祥子》《四世同堂》，话剧《茶馆》《龙须沟》。

（二）内容梗概

《骆驼祥子》描写了一个旧北平普通人力车夫祥子的一生。祥子来自农村，在他拉上洋车后，立志买一辆自己的车，做一个独立的劳动者。但是，他用三年的血汗钱换来的车却被军阀的乱兵抢走，只牵回三匹骆驼。第二次，他还没攒足买车的钱，钱就被孙侦探敲诈走了。接着，他被迫和车厂厂主的女儿虎妞结婚，用虎妞的积蓄买了一辆车，但随着虎妞难产而死，很快又不得不卖掉来料理虎妞丧事。经过多次挫折，以及心爱的女人小福子自杀身亡，祥子彻底丧失了对生活的希望。他开始吃喝嫖赌，为了喝酒到处骗钱，堕落为“城市垃圾”，最后，靠给人干红白喜事做杂工维持生计。祥子由一个“体面的、要强的、有梦想的、利己的、个人的、健壮的、伟大的”底层劳动者沦为一个“堕落的、自私的、不幸的、社会病胎里的产儿，个人主义的末路鬼”。

（三）文本价值分析

1. 思想艺术价值

“五四”以后的新文学作品，多以描写知识分子与农民为多，很少有描写城市贫民的作品。老舍以一批城市贫民生活题材的作品，特别是长篇小说《骆驼祥子》，拓展了新文学的表现对象，为新文学的发展做出了特殊的贡献。阅读《骆驼祥子》可以启发学生观察社会生活、关注身边的人，激发学生对弱势群体的同情心，关心弱势群体的生存现状，还可以让学生鲜明地对比出旧中国和新中国百姓生存处境和生活状态的不同，感受到当今幸福生活的珍贵，培养其对社会的认同感。

2. 文学艺术价值

小说的语言简洁有力，富有浓郁的生活气息和鲜明的地方色彩，是一部优秀的现实主义小说。

（1）结构紧密、线索分明。小说以祥子买车“三起三落”“希望→奋斗→幻灭”为主线，以祥子与各种人物的关系为副线，采用纵向结构和多侧面立体式结构相结合的方法，自然地把市民社会各阶层的生活画面和社会的黑暗腐败图景错落有致地交织起来。

（2）善于运用多种表达手法，塑造典型人物形象。在展现人物内心活动时，将描写、叙述、议论多种手法融为一体。祥子是乡下人，再加上他天生不愿多说话，所以在每次打击和不幸突然降临时，祥子的内心虽然充满愤怒和不平，但他说不出。这时候，作者往往在细腻描绘祥子激烈内心活动的同时，便情不自禁地加进一些叙述和议论，或直接为祥子抒发不平，或帮助祥子进行控诉、辩解，或对祥子进行谴责。

（3）浓郁的地方色彩和语言极富特色。《骆驼祥子》充满了浓郁的“京味儿”，具有鲜明的民族文学风采和大众风格。作家创造性地运用了北京市民的语言风格，使作品具有浓厚的地方色彩。例如“麻利、一程子、放了鹰、抠搜、搁着这个碴儿、要个飘儿”等，使文字亲切、新鲜、恰当、活泼，同时使地方色彩更加浓郁。

人物的语言和对话达到了高度的个性化。祥子的语言厚重而朴拙，他第一次买车时，心情激动，如临大敌，只会说“我要这辆车”。卖车的铺主夸耀车好，希望加价，祥子还是那句话：“我要这辆车，九十六！”这同他的坚实沉默的性格是一致的。虎妞的语言则简洁、粗野、泼辣。个性化的语言对于人物形象的塑造也起了画龙点睛的作用。

二、教学目标

（1）通过画思维导图，梳理整本书故事情节，把握全书内容。

（2）分析人物形象特点，探究造成人物悲剧命运的原因，深刻理解作者通过人物表现的整本书的主题思想，从而领会作者的写作目的。

（3）学习圈点批注，通过精读探究作品艺术特色，掌握阅读方法。

三、学情分析

《骆驼祥子》语言浅显易懂，结构清晰。七年级的学生缺乏那个年代的生活体验和丰富的阅历，加上学生受阅读习惯、阅读水平、时间分配、教师引导等方面的原因的影响，对这本书阅读兴趣不大，也缺乏较为科学的方法来阅读。在阅读的过程中，学生会根据兴趣阅读，更多地关注情节，但不会去分析鉴赏，对于书中的人物和主题还不能形成自己的认识和评价。因此，本设计旨在通过帮助学生掌握作品主要内容及主要人物的基础上，进一步分析人物形象、思考作品主题、探究作品艺术特色以及归纳阅读方法，从而激发阅读兴趣，达到深度阅读、提升语文素养的目的。

四、阅读规划

表1

阅读阶段	周次	阅读章节	批注指引
第一阶段：快速通读，初识经典	第一周	第一章初到北平，祥子攒钱买车；第二章连人带车被抓，牵上骆驼逃跑	1. 第一章中祥子是怎样的人？
		第三章卖掉骆驼，重返北平；第四章重回车厂，攒钱买车	2. 祥子外号的由来
		第五章拼命拉车，怒辞杨宅；第六章虎妞诱骗，祥子逃离	3. 虎妞是个怎样的人？
		第七章曹宅拉车，不慎摔车受伤；第八章热心高妈，虎妞来访	4. 曹先生的出现对祥子产生什么影响？
	第二周	第九章虎妞假孕，祥子落入陷阱；第十章老马爷孙，想到未来	5. 祥子不爱虎妞，为什么不反抗？ 6. 作者写老马的命运有何深意？
		第十一章曹宅遇险，孙侦探敲诈；第十二章王家避险，离开曹宅	7. 孙侦探敲诈对祥子产生怎样的影响？
		第十三章四回车厂，筹备寿宴；第十四章计划落空，父女决裂	8. 刘四爷对祥子的命运产生哪些影响？
		第十五章祥子成婚，商量出路；第十六章贫苦杂院，重新拉车	9. 说说大杂院里人们生活的状况，作者写这些有何用意？
	第三周	第十七章虎妞买车，小福子回家；第十八章脏乱杂院，烈日暴雨	10.分析祥子在烈日暴雨下拉车的感受
		第十九章祥子生病，虎妞难产；第二十章卖车葬妻，夏宅拉车	11. 虎妞的死对祥子产生怎样的影响？
		第二十一章祥子被诱，染上脏病；第二十二章曹先生收留，重燃希望	12. 相比刚进北平城的祥子，现在的祥子发生了哪些变化？
		第二十三章老马丧孙，小福子自尽；第二十四章出卖阮明，行尸走肉	13. 小福子的死对祥子产生怎样的影响？
第二阶段：专题探究，研读经典	第四周	1. 绘制祥子人生变化思维导图； 2. 探寻悲剧原因； 3. 品析“京味儿”语言	

附：知识卡片

圈点批注资料卡

（一）常用批注符号

1. 圈字码“①②③”用来标示自然段的序号，便于查找内容。

2. 圆圈“○”画在生字或需要解释的词语下，用以批注时注音或解词。

3. 黑点“·”画在生动的词语和典型的成语上，用以提示重要词语。

4. 波浪线“﹏﹏”画在文章景物（环境）描写的句子下面，以便加深记忆、理解或摘录。

5. 三角符号“△”画在修辞方法下面，批注句子使用的修辞手法及作用。

6. 横线“——”画在人物描写的语句下面，以分析人物形象特点。

7. 双横线“══”画在文章中心句、关键句、精彩句、点题句处，以帮助厘清文章结构、把握文章中心。

8. 问号“？”用在有疑问的语句末尾或旁边，可以批注疑问。

9. 表示时间、地点、人物的词语可用方框“□”或圆圈“○”画出来。

（二）常用批注方法

1. 赏析式：赏析文章内容的语段，分析其写作手法。

2. 感想式：对文章有触动的内容，写下自己的感悟。

3. 评价式：对文章内容进行评价。

4. 补充式：这种阅读方法就是顺着作者的思路，依照作者的写法，接着为作者补充。

五、学习任务群设计

（一）任务群导航

品跌宕人生 悟时代百态

- 聚焦情节，思维导图绘人生
  - 折线图绘祥子人生起伏
  - 关键节点做号批注说明
- 人物解码，为祥子求职助力
  - 为祥子求职“黄包车夫”写个人简历
  - 班级评比，选出最佳求职简历
- 人生对照，探究人物变化原因
  - 填写祥子人生前后对照表，探究变化原因
  - 梳理祥子与其他人关系，探究变化多重因素
- 悲剧探究，坎坷命运谁之过
  - 重构祥子人生轨迹
  - 祥子堕落原因班级辩论会
  - 给小说人物写信
- 艺术品位，匠心独运呈精彩
  - 批注：设身处地悟心情
  - 表演：绘声绘色学语言

图1

（二）学习任务群设计

任务一：聚焦情节，思维导图绘人生

为了全面了解祥子的三起三落，根据《骆驼祥子》内容，请你将祥子的人生经历用折线图画出来。提示：对祥子人生的关键节点进行标注和说明。

设计意图：采用折线图的形式，让学生梳理祥子“三起三落”的人生，概括小说主要故事情节，训练学生概括能力。

学生作品：

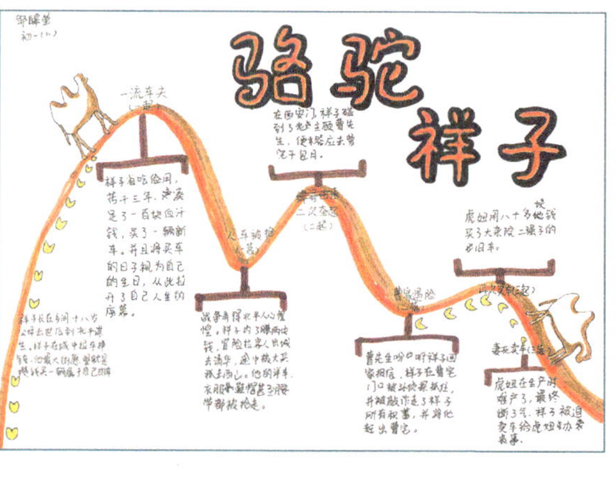

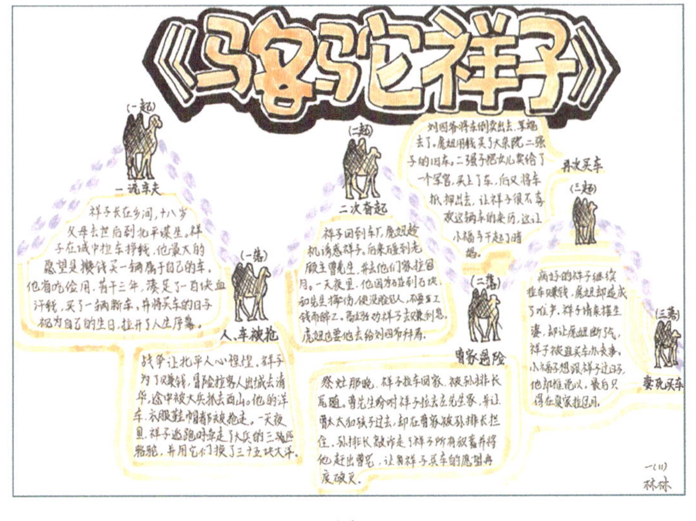

图2

任务二：人物解码，为祥子求职助力

下面是智联招聘网站“黄包车夫”的招聘信息，祥子看到这则招聘信息后很想去应聘，但他不识字，请你帮祥子写一份应聘简历，助力祥子应聘成功。

小组交流讨论，选出最佳求职简历，为上台PK做准备！

图3

设计意图：以“祥子求职个人简历”为切入点，引导学生通过阅读全书，了解祥子相关信息，把握人物生平经历，初步了解人物性格。

学生作品：

个人简历RESUME

个人简历 RESUME

祥子求职单 个人简介 RESUME
个人优势
个人需求
工作经历
个人名言
自我评价

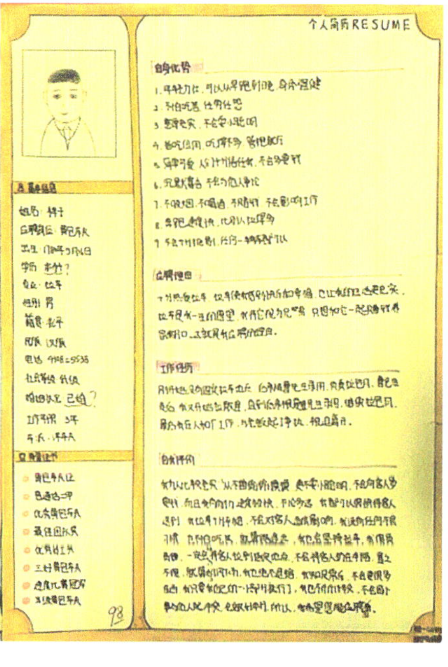

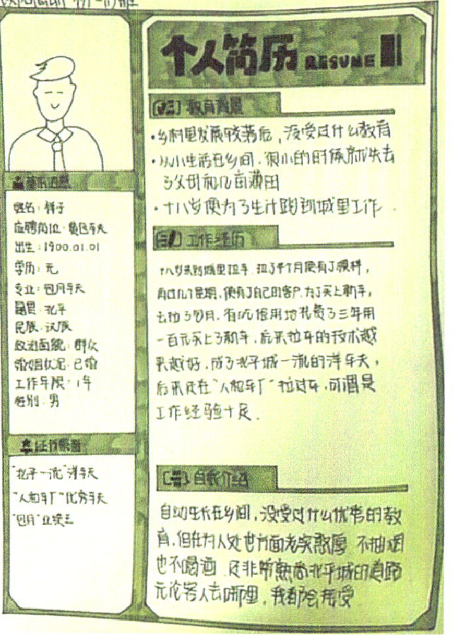

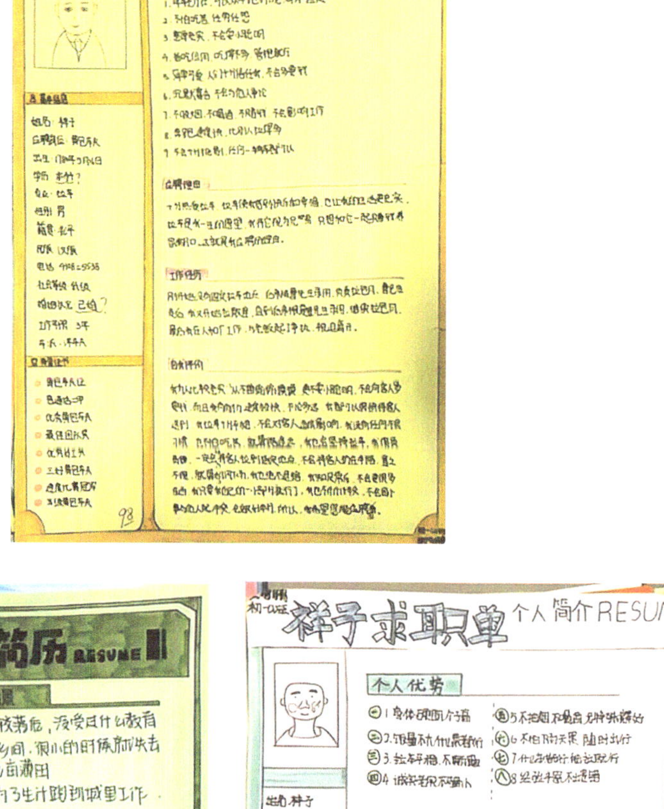

图4

任务三：人生对照，探究人物变化原因

（1）祥子的人生前后发生巨大变化，请你参考图片，从外在形象、性格特点、为人处世、内在精神等方面对比探究，完成祥子前后变化对照表，并思考变化原因。

祥子前期表现	祥子后期表现

设计意图：引导学生利用“祥子”这一主要人物前后对比的方式，对文本中出现的相关内容进行梳理。让学生进一步了解祥子形象的多样性、复杂性特点，从而深入思考祥子变化的原因。

学生作品：

图5

（2）请你完成下图，梳理祥子与小说中其他人物之间的关系，再次探究祥子变化的原因。

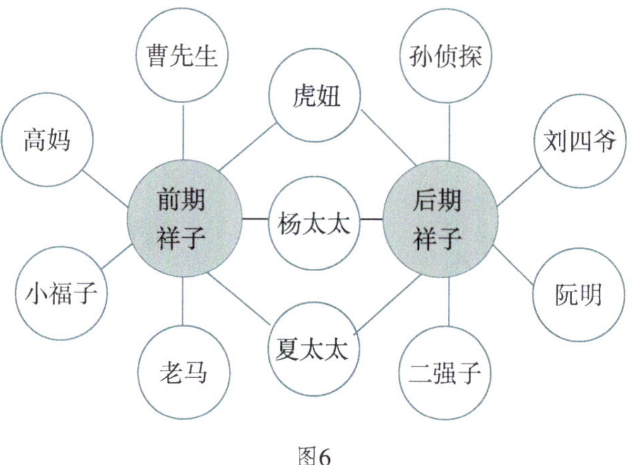

图6

设计意图：通过人物关系分析，引导学生探究人物命运与其他人物之间的关系，理解祥子堕落的多重原因。

参考示例：

刘四爷就像火辣太阳：太阳毒辣会抑制小草生长，刘四爷既是祥子人生的榜样，又是祥子认识这个黑暗世界的一面窗。

曹先生则是水：曹先生帮助祥子，就像水能滋润小草生长一样，但祥子没有与曹先生成为志同道合者，他失去了一个可能不堕落的扶助者。

虎妞就像剪刀：剪刀会修剪植物，植物会在精心培育下变得更好，但过度修剪，也将毁掉植物。她是毁灭祥子的因素之一。.

孙侦探就像狂风：狂风摧残小草的生长，孙侦探敲诈祥子，将祥子的人生推向深渊，他是祥子人生理想的毁灭者之一。

图7

学生作品：

图8

任务四：悲剧探究，坎坷命运谁之过

（1）重构祥子人生轨迹。

请你重构祥子人生轨迹图：假如祥子在他的人生关键节点，做了另一种选择，他的人生轨迹将会发生怎样的变化？请你用折线图再次梳理祥子的人生关键节点，重新做出读者的选择，并分析做此选择的原因。

设计意图：引导学生思考祥子人生变化产生的根本原因，深刻理解他的悲剧命运产生的社会根源。

学生作品：

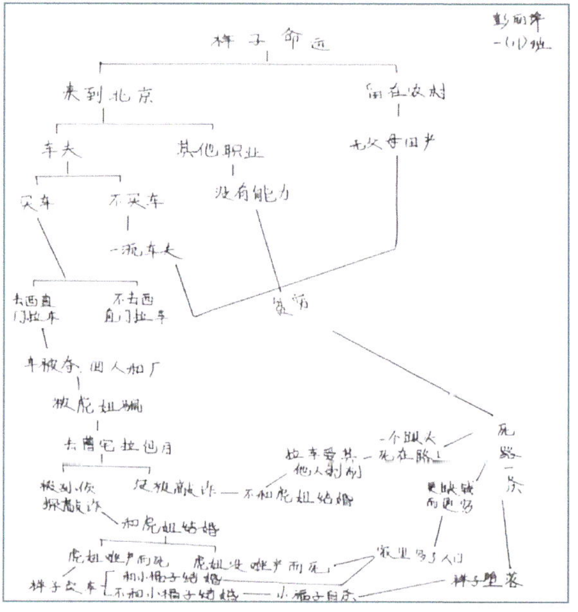

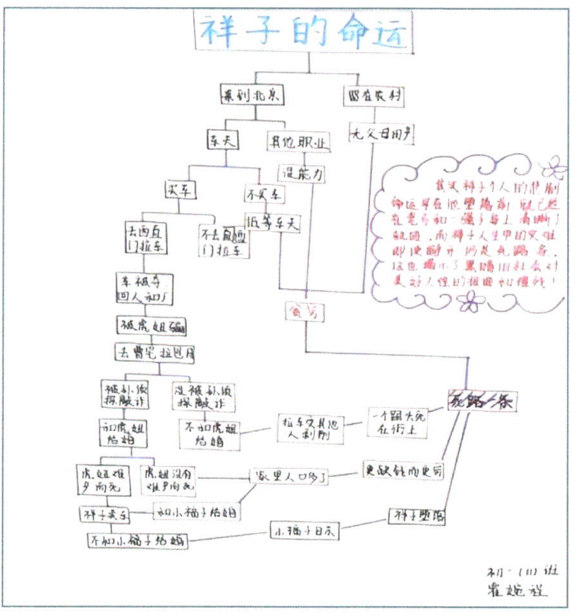

图9

（2）祥子堕落原因班级辩论会。

初一（1）班的同学们阅读完《骆驼祥子》，针对祥子为什么最终会变成一个自私堕落的无赖，展开了如下争论：

小建说：“祥子从一个对生活充满向往和奋斗精神的人，最终变成一个彻底堕落的无赖，这一切全是祥子自己造成的。”

小钊说：“我不赞同你的观点，我认为祥子堕落，不是他自己造成的。”

你赞同哪一方观点呢？请你选择其中一方，写一篇300字左右的辩论稿，准备参加班级辩论会。

辩论稿要求：

① 观点明确，思路清晰。

② 理由充分。为了使你的观点具有说服力，列出不少于3条理由，多多益善。

设计意图：通过辩论会，让学生更深入地了解祥子堕落的原因，加深对小说主题思想的理解。

学生作品：

活动四：班级辩论会

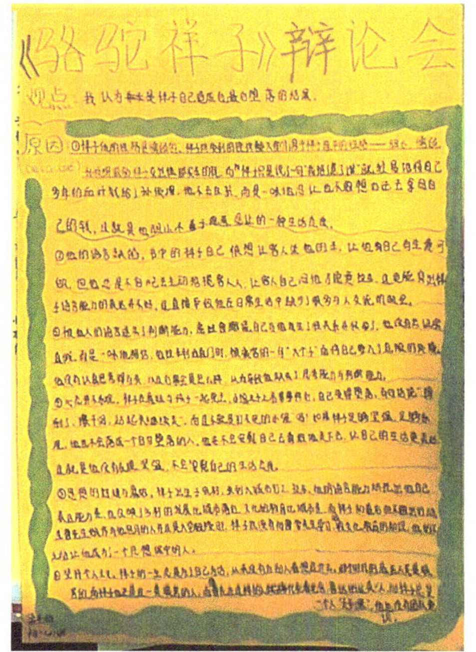

图10

（3）给小说人物写信。

读完本书，不少同学对小说中的人物产生了丰富的情感，心中有不少话想对他们说。请你从下列人物中任选一个，给他（她）写一封不少于500字的信，告诉他们你的想法。

① 祥子　　② 虎妞

③ 小福子　　④ 老马

⑤ 刘四爷　　⑥ 阮明

⑦ 曹先生　　⑧ 孙侦探

⑨ 二强子

设计意图： 激发学生对小说中人物的理解和同情，从情感和价值观角度落实整本书阅读的素养培养目的，同时以写促读，激发学生想象力和写作兴趣。

学生作品：

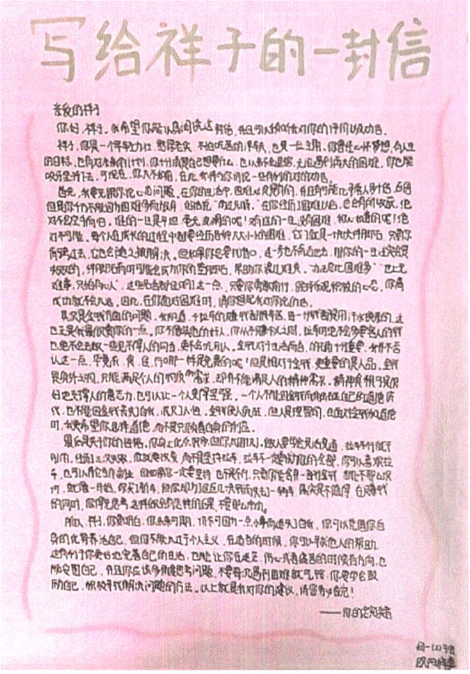

写给祥子的一封信

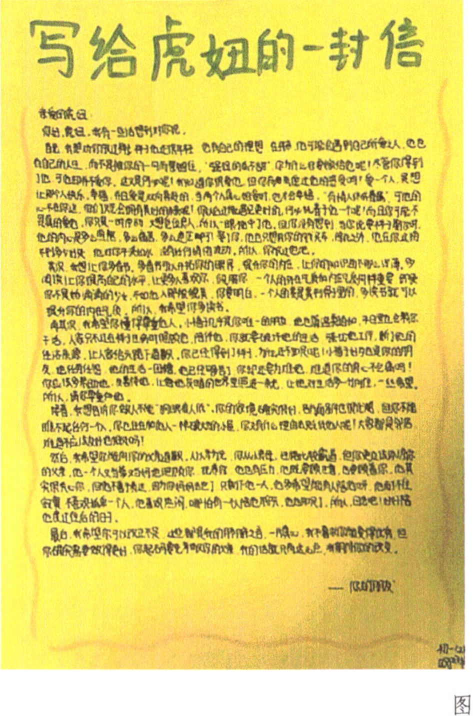

写给虎妞的一封信

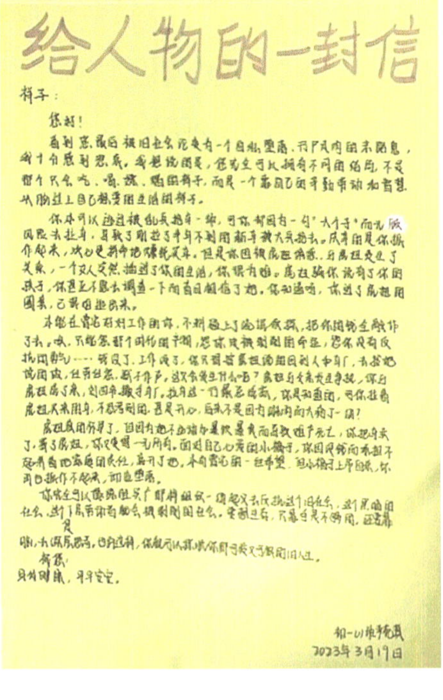

给人物的一封信

图11

任务五：艺术品位，匠心独运呈精彩

京味儿语言资料卡

1. 在轻声与重音的配合运用上，如“大爷”的“爷”字，普通话应为二声，但京腔却一定要将“爷”字读成轻声。

2. “儿化韵”：如“够上买车的数儿”、“搁在兜儿”、拉“整天儿”等。

3. 北京方言：例“杀好了腰”“鸡肠子带儿”“‘出号’的大脚”，都是北京通俗语言的运用。

（1）设身处地悟心情。

祥子的内心世界是丰富多彩的，也是流动变化的，老舍先生把他的心理写得真实细腻，是怎样做到的呢？请你找出描写祥子心理的句段，进行批注。

设计意图： 采用圈点批注的方法，精读选段，体会人物丰富的内心世界。

(1) 设身处地悟心情

①他忽然想起来，今年是二十二岁。因为父母死得早，他忘了生日是在哪一天。自从到城里来，他没过一次生日。好吧，今天买上了新车，就算是生日吧，人的也是车的，好记，而且车既是自己的心血，简直没什么不可以把人与车算在一块的地方。

②他越想着过去便越恨那些兵们，他的衣服鞋帽，洋车，甚至于系腰的布带，都被他们抢了去；只留给他青一块紫一块的一身伤，和满脚的疱！不过，衣服，算不了什么；身上的伤，不久就会好的。他的车，几年的血汗挣出来的那辆车，没了！自从一拉到营盘里就不见了！以前的一切辛苦困难都可一眨眼忘掉，可是他忘不了这辆车！

祥子落了泪，他不但恨那些兵，而且恨世上的一切了。凭什么把人欺辱到这个地步呢？凭什么？“凭什么？”他喊了出来。

答：①祥子初入大城市拉车，他老实健壮、善良淳朴、吃苦耐劳，有美好的理想和明确的目标，具有骆驼一样沉默而坚忍的精神。②深刻揭露了旧中国的黑暗，控诉了统治阶级对劳动者的剥削和压迫，表现了作者对罪恶社会的痛恨，祥子贪小便宜，往往会吃大亏。

(1) 设身处地悟心情

①他忽然想起来，今年是二十二岁。因为父母死得早，他忘了生日是在哪一天。自从到城里来，他没过一次生日。好吧，今天买上了新车，就算是生日吧，人的也是车的，好记，而且车既是自己的心血，简直没什么不可以把人与车算在一块的地方。

②他越想着过去便越恨那些兵们，他的衣服鞋帽，洋车，甚至于系腰的布带，都被他们抢了去；只留给他青一块紫一块的一身伤，和满脚的疱！不过，衣服，算不了什么；身上的伤，不久就会好的。他的车，几年的血汗挣出来的那辆车，没了！自从一拉到营盘里就不见了！以前的一切辛苦困难都可一眨眼忘掉，可是他忘不了这辆车！

祥子落了泪，他不但恨那些兵，而且恨世上的一切了。凭什么把人欺辱到这个地步呢？凭什么？“凭什么？”他喊了出来。

答：从“人的也是车的”、“自己的心血”看出祥子对车的重视、喜爱，并且，还从能从“什么！”和“没了！”、“可是他忘不了这辆车”看出祥子对官兵的恨加对车的执念、爱惜、与重视。

图12

（2）绘声绘色仿表演。

观看北京人艺话剧《骆驼祥子》中虎妞与祥子、虎妞与刘四爷对话表演片段，让学生模仿演员的表演，从中体会“京味儿”语言特点。

以小组为单位，选择感兴趣的片段，小组排演，全班展示，看哪个同学演得最为绘声绘色。

设计意图：采用话剧表演的形式，激发学生学习兴趣，在模仿表演中体会京味儿语言的特点。

寻奇之旅

——《海底两万里》整本书阅读学习任务群

佛山市顺德区建安初级中学　赵彩云

一、整本书分析

《海底两万里》是统编教材七年级下册的必读名著，是法国著名科幻作家儒勒·凡尔纳著名的科幻三部曲之一。

（一）作者简介

儒勒·凡尔纳（Jules Verne，1828—1905），是19世纪法国著名作家，被誉为“科幻小说之父”。凡尔纳于1828年出生在法国一个中产阶级家庭，1847年前往巴黎学习法律，1863年因长篇小说《气球上的五星期》而一举成名，此后开始从事写作并取得了巨大成功，他的不少作品被翻译成多种语言，受到了各国读者的喜爱。凡尔纳一生创作了大量优秀的文学作品，有《海底两万里》《八十天环游地球》《气球上的五星期》《格林特船长的儿女》《神秘岛》等。他的作品对科幻文学流派有着重要的影响，因此他与赫伯特·乔治·威尔斯一道，被称作“科幻小说之父”。

（二）内容梗概

《海底两万里》主要叙述了生物学家阿龙纳斯及其仆人康塞尔和鱼叉手尼德·兰一齐随“鹦鹉螺号”潜艇船长尼摩周游海底的故事。1866年，人们在海上发现了一只疑似独角鲸的大怪物，阿龙纳斯教授及仆人康塞尔受邀参与捕捉行动。在捕捉过程中，他们与鱼叉手尼德·兰不幸落水，落到了怪物的脊背上。他们发觉这怪物并非什么独角鲸，而是一艘构造奇异的潜艇。潜艇是尼摩在大洋中的一座荒岛上隐秘建造的，船身结实，利用海水发电。尼摩船长邀请阿龙纳斯做海底旅行。他们从太平洋动身，经过珊瑚岛、印度洋、红海、地中海、大西洋，看到海中很多罕见的动植物和奇异景象。途中还经受了搁浅、土著围攻、同鲨鱼搏斗、冰山封路、章鱼攻击等很多险情，惊险而又刺激。

在《海底两万里》中，尼摩是个神秘人物，他在荒岛上隐秘建造的这艘潜艇不仅特别结实，而且结构奇妙，能利用海洋来供应能源，他们依靠海洋中的各种动植物来生活。潜艇船长对俘虏也很优待，但为了保守自己的秘密，尼摩船长不允许他们离开。阿龙纳斯一行人别无选择，只能跟着潜艇周游各大洋。在旅途中，阿龙纳斯一行人遇到了很多美景，同时也经历了很多惊险奇遇。他们眼中的海底，时而景色美丽、令人沉醉；时而险象丛生、命悬一线。通过一系列惊险的奇遇，阿龙纳斯最终了解到神奇的尼摩船长仍与大陆保持着联系，用海底沉船里的千百万金银来支援陆地上人们的正义斗争。最终，“鹦鹉螺号”在北大西洋里遇到一艘驱除舰的炮轰，尼摩船长用“鹦鹉螺号”的冲角把驱除舰击沉。不久，他们在潜艇陷入大漩涡的险恶状况下逃出了潜艇，被渔民救上岸。回国后，生物学家将旅行中所知道的海底隐秘公之于世。

（三）教学价值分析

1. 文学艺术价值

（1）故事情节曲折生动。这部小说开头就悬念迭生，人们在海上遇见的庞然大物究竟是什么？是飞逝的小岛、无法确定的暗礁还是神秘的独角鲸？阿龙纳斯教授和他的仆人康塞尔，以及捕鲸手尼德·兰一行落入海里，在绝望之际，却发现自己站在一艘巨大的潜水艇的背上，成为尼摩船长的俘虏之后，跟随着“鹦鹉螺号”开始了海洋冒险之旅。虽然在海底看到了许多如梦似幻的奇异景象，但也险象环生，经历了搁浅、原住民围攻、和鲨鱼搏斗、南极大冰盖、缺氧、章鱼围攻等危机，最终在北冰洋的大漩涡中成功逃生，回到了陆地。《海底两万里》故事曲折，引人入胜，还善于设置悬念，加强了故事的紧张感。

（2）人物形象个性鲜明。在《海底两万里》一书中，有名有姓的人物寥寥无几，却个个形象鲜明。尼摩船长是其中最富传奇色彩的人物，他不仅执着于复仇，还是一个反对压迫的民族斗士。他的祖国、父母和妻儿都被压迫者毁灭，他仇恨压迫者、仇恨陆地，不愿意再踏足陆地。但是，他又利用从海底获得的财富救济穷人，支持民族解放事业。他善良仁慈，慷慨大方，坚毅勇敢，博学多识，在逆境中，情感和精神都得到非凡的历练，不屈服于任何困难，是一个伟大的、散发着光辉的形象。阿龙纳斯教授，博古通今，善良仁爱，跟随着尼摩船长在海底森林打猎，去海底平原漫步，欣赏海洋生物，把自己见识到的海洋生物、海底奇观都做好记录研究，热爱自己的事业。康塞尔是一个忠诚、正直、沉稳的仆人，毫不犹豫地跟随阿龙纳斯教授登上驱逐舰追捕海底的怪物，精通博物学分类。尼德·兰是一个追求自由、充满野性、脾气火暴又正直的捕鲸手，他在“鹦鹉螺号”上一直想方设法地逃跑，在艇上最大的愿望就是能够吃上一顿肉，但是在尼摩船长深陷危机之时，他又挺身而出，救下了尼摩船长。《海底两万里》在人物的塑造上无疑是成功的，每一个角色都很立体，人物角色都各具魅力。

（3）科学与幻想巧妙结合。《海底两万里》作为科幻小说，科学与幻想是它最大的两个特点。工业革命促进了科技的发展，科技的发展为凡尔纳的创作提供了充足的科学依据，此外，凡尔纳本人具有丰富的地理学、物理学和数学知识，这些知识储备，为《海底两万里》的创作打下了基础。在写作之前，他对“潜水艇”这个新出现的概念，对船的构造都做过准确的研究，“他曾经详细地跟他在海军服役的弟弟保尔探讨过这艘幻想的船只的特点”，这些前期积累，使得他的“鹦鹉螺号”比已经发明出来的潜艇要完善得多。凡尔纳还极为重视对幻想事物的细节描写，正是作者这种严谨的科学态度，使得小说的想象更加令人信服，科学性与幻想性相结合，是《海底两万里》能吸引读者的一大原因。

2. 科学艺术价值

（1）展现了极具魅力的科幻色彩。《海底两万里》是儒勒·凡尔纳的巅峰之作，在这部作品中，他将对海洋的幻想发挥到了极致，表现了人类认识和驾驭海洋的信心，展示了人类意志的坚韧和勇敢。在小说里，凡尔纳借尼摩船长之口表达了对海洋的赞美和热爱：“我爱大海！大海就是一切！它覆盖着地球的十分之七，大海呼出的气清洁、健康。大海广阔无垠，人在这里不会孤独，因为他感觉得到周围涌动着的生命。大海是一种超自然而又神奇的生命载体。”凡尔纳为读者构造了一个奇幻的海底世界，在这里，有变幻无穷的奇异景观和各类生物；在尼摩船长的引领下，一行人进行海底狩猎，参观克雷斯波岛海底森林，采集印度洋的珍珠，探访海底亚特兰蒂斯废墟，打捞西班牙沉船的财宝，目睹珊瑚王国的葬礼……种种险象环生的情节展现了人类顽强不屈的优秀品质和坚持不懈的开拓精神，提出了开发深海的可能性，鼓励人们去探索神秘的海底世界。

（2）蕴含着丰富的科学知识。《海底两万里》作为一部科幻小说，广泛地涉及了地理、生物、气象、天文、物理、化学等各个科学领域的知识，既能增加读者的科学知识，又能开阔读者的视野。大多数的科普文章都是为了向读者提供一些科学常识而作，相对于科幻小说而言，说教成分重，较为枯燥，不容易被读者接受是其常见的问题。凡尔纳的科幻小说有着曲折的故事情节、个性鲜明的人物形象、生动有趣的语言，能够引起读者的阅读兴趣，科学知识的介绍也更加容易吸引读者的注意力，有利于促进科学知识的普及，提高读者观察生活、理解现实的能力。

3. 思想价值

《海底两万里》是一部科幻小说，凡尔纳在书中倾注了对科学的无限热爱和献身科学的激情。教授阿龙纳斯对海洋科学的探索达到了痴迷的程度，他的仆人康塞尔在他的影响下也变成了一个科学狂热者。“鹦鹉螺号”的船长尼摩称得上是个天才的科学家，他博学、睿智，极富创造力和探险精神。作者借助书中这些人物形象，将自己对海洋的幻想发挥到了极致，表现了人类认识和驾驭海洋的信心，展示了人类意志的坚韧和勇敢。小说中种种险象环生的情节显示了人类顽强不屈的优秀品质，展现了人类不懈的开拓精神，作者也提出了开发深海的可能性，鼓励人们去探索深邃的海底世界。

波兰人民反对沙皇独裁统治的起义遭到残酷镇压是凡尔纳创作《海底两万里》的一个导火索。他在小说中塑造了尼摩船长这个反对沙皇专制统治的高大形象，赋予其强烈的社会责任感和人道主义精神，以此来表达对现实的不满。尼摩是个有正义感的反抗英雄，他对民族压迫和殖民主义极端痛恨，向往民主与自由。在尼摩船长身上，作者寄寓了对殖民主义的强烈抨击和反对，表达了作者对独立、民主、自由的向往和追求。

二、教学目标

（一）激发学生的想象力

统编版七年级教材注重学生想象力的发展，上册第六单元就是“想象与联想”单元，下册第六单元的“探险与科幻”单元也提出要培养学生的想象力，所以，在名著导读栏目安排了科幻小说《海底两万里》的阅读。小说中大胆新奇的想象主要表现在两个方面：一是对科技发展的大胆预想，在当时人类还没有发明如此先进的潜水艇时，凡尔纳的作品中已经出现了“鹦鹉螺号”；在当时还没有电灯泡和电报的社会现实中，“鹦鹉螺号”的一切运行都靠电来完成。二是对海底世界的奇特想象，凡尔纳在创作《海底两万里》时并没有去过海底，但是他为我们创造了一个拥有森林和平原的奇妙无比的海底世界，在这里人们既可以在森林中打猎又可以在平原上漫步。学生在阅读《海底两万里》这部科幻小说的过程中能够感受到作者凡尔纳超凡的想象力，同时也能够激发学生自己的想象力。

（二）提高阅读理解及鉴赏力

《海底两万里》中有博闻广识、献身科学的生物学家阿龙纳斯，痴迷分类学的忠诚的仆人康塞尔，脾气暴躁但有着丰富海洋捕猎经验的捕鲸手尼德·兰，有时有情有义、有时冷酷无情的尼摩船长，四个人物的个性特征都十分鲜明，学生在阅读过程中留意书中与人物有关的动作、神态、语言等描写，结合具体情节采用圈点和批注的形式对人物形象进行分析，对人物形象形成自己独特的理解，理解人物形象塑造的意义。《海底两万里》将科学知识融入文学语言中，如“对诗人来说，珍珠是大海的眼泪；对东方人来说，它是一滴固体化的露水；对妇女们来说，它是她们戴在手指上、脖子上或耳朵上的，长圆形、透明色、螺钿质的饰物；对化学家来说，它是带了些胶质的磷酸盐和碳酸钙的混合物；最后，对生物学家来说，它不过是某种双壳类动物产生螺钿质的器官的病态分泌物”。这段对珍珠的介绍，作者用大量的修辞向读者介绍了不同人眼中珍珠的实质，既表现了阿龙纳斯教授的博闻广识，读来又诗意盎然，这样的描述在作品中还有很多，学生在阅读过程中可以对作品的语言进行赏析，提高对语言的鉴赏能力。总之，学生在《海底两万里》的阅读中，既能够获得更多的文学体验，还能够理解人物形象塑造的意义，提高自己的理解能力和对语言文字的鉴赏能力。

《海底两万里》中尼摩船长具有双重性，例如他的人道主义精神和冷酷无情，他将船员埋葬在珊瑚王国、勇救采珠人、救援长须鲸等都能体现他的人道主义精神，但是他又能制造“大屠杀”，冷眼旁观战舰上的人的痛苦，显得冷酷无情，尼摩船长这一人物的复杂性可以让学生在阅读过程中进行探究，分析尼摩船长身上双重矛盾的原因，从而提高学生的理解鉴赏能力。

（三）培养学生的科学探究精神

想象力、理解力、鉴赏力和探究精神都是学生思维品质的重要组成部分。《海底两万里》中的探究精神主要体现在两个方面：一是对科学技术的探究。“鹦鹉螺号”的图书室中有尼摩船长收藏的大量科学著作，这些著作包括物理、地质、地理等各方面，尼摩船长还在大洋的荒岛中利用自己所有的知识设计并制造了“鹦鹉螺号”，这个潜水艇的功能之强大在当时看来可以算是一个奇迹。二是对世界的探究。阿龙纳斯教授在接受追捕怪物的邀请之前刚从美国内布拉斯加州的贫瘠地区做完考察，带回了许多珍贵的标本；在跟随尼摩船长进行海底旅行时，“鹦鹉螺号”的高科技、海底的奇观、尼摩船长的博闻和丰富的藏书，让阿龙纳斯逐渐接受了在“鹦鹉螺号”上的生活，在得知尼德·兰的逃跑计划时还为不能继续进行海底研究而感到惋惜；他在海底旅行的过程中不忘如实记录旅行中的见闻，尼摩船长提出了开发海洋资源的可能性；等等。在这些探险经历的背后都蕴藏着数不清的危险，学生在阅读的过程中感受主人公身上献身科学的精神，学习他们对科技和世界的探索精神，在熏陶感染中培养自己的探究精神。

（四）提高学生的科学素养

科学知识和素养是每个人都需要了解和培养的，在科幻小说中往往包含着许多科学知识，学生在阅读科幻小说时除了被故事情节吸引外还能积累一定的科学知识，提高自己的科学素养。《海底两万里》中包含着许多方面的科学知识，作者在创作时将科学知识巧妙地融入探险故事中，如在“一切都用电”这一章节中，尼摩船长向阿龙纳斯解释“鹦鹉螺号”上的各种物理仪器时的物理知识；“黑潮暖流”这一章节中康塞尔和尼德·兰展开的关于鱼的分类的生物知识；“抹香鲸与长须鲸”部分对抹香鲸和长须鲸的介绍等。书中还包含化学、地理等方面的知识，学生在被故事情节吸引的同时还能够积累一些科学知识，逐渐提高自己的科学素养。

三、学情分析

学生经过上学期的学习，名著阅读能力有了一定提升，基本上能够结合目录阅读小说，大致了解故事内容。同时，由于《海底两万里》属于科幻类小说，部分学生之前大致阅读过这本书，或者接触过小说改编的相关影视作品，再加上本书故事情节曲折离奇、惊险刺激，充满科学探险趣味，学生阅读兴趣较浓。按照往届学生的阅读经验，学生大多数在一周之内就可以读完这本书，达到教材中要求的“快速阅读”目的。但是，大部分学生在阅读中，更多关注小说跌宕起伏的故事情节，阅读比较肤浅粗糙。怎样在学生完成第一轮快速阅读的基础上，引导学生将阅读走向深入，就是学习任务群设计的立足点了。

基于以上学情，教师从激发学生深入研读的兴趣入手，设计了六个不同的学习任务，以此完成本书的深入研读。

四、阅读规划

表1

阅读阶段	周次	阅读内容	重点任务
通读阶段	第1周	第1—10章	①一边阅读一边采用圈点批注等方法记录自己的阅读感受和阅读足迹，以便开展阅读活动时有阅读依据可用。 ②也可以边阅读边完成相应活动任务，比如寻奇之旅、人物评价等。 ③采用快速阅读与精读相结合的阅读策略。教师指导学生快速阅读的方法
	第2周	第11—20章	
	第3周	第21—30章	
	第4周	第31—40章	
	第5周	第41—48章	

续 表

阅读阶段	周次	阅读内容	重点任务
活动展示阶段	第6—7周	学生活动及展示	通读任务完成之后，继续完成活动任务。每完成一个活动，老师要在全班展示并点评学生作品，以便学生纠正修改，提高之后活动任务的质量
拓展阅读阶段	第8周	课外拓展阅读《神秘岛》《船长和他的儿女们》	建议学生课外阅读科幻三部曲的其他两部作品，可提供网络阅读链接，或者自己购买纸质版图书

五、学习任务群设计

（一）学习任务群导航

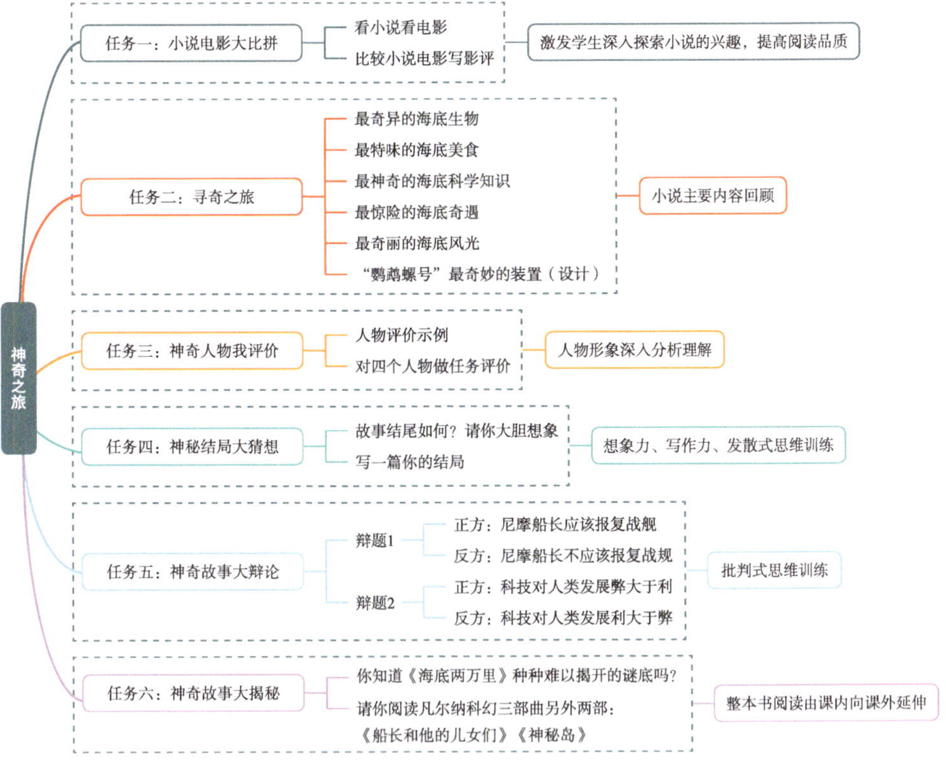

图1

（二）学习任务群设计

亲爱的同学们，阅读《海底两万里》，犹如开启一场色彩斑斓的神奇之旅，请你按照下面旅程，展开一场奇异的旅程吧！

活动任务一：小说电影大比较

电影《海底两万里》（1954年版）和原著小说相比，有哪些改编？你认为这样改编好不好？为什么？请你就此写一篇不少于600字的评论，发表你的见解。

要求：观点明确，理由充分，条理清晰，分条列出你的理由，理由越充分越有说服力。

设计意图：通过电影和原著的比较，加深阅读印象，激发二次阅读探索本书的兴趣，引导学生走向书本更深处；通过内容异同比较、创作手法异同比较，使学生理解文字阅读的魅力，提高思辨能力。

学生作品：

初一10班 林汝露

《海底两万里》影评

和原著小说相比，电影《海底》与哪些情节或人物与原著不同？你认为改编部分好不好？为什么？

我认为：

1. 电影里"我"有了父亲、继母。父亲对"我"很不满，却又关心"我"；继母对"我"有一丝莫名的爱意。人物关系过于复杂。而原著中注重写惊心动魄的海底探险，与小说题目更加相符，原著的内容更符合科幻小说的概念。

2. 电影中少了大家齐心协力凿开冰墙并逃离这一情节。小说可以让我们体会到大家相处多日后的默契，团结协助，还有大家坚韧不拔、坚持不懈的精神，电影中没了这一情节，少了许多刺激感，也与科幻小说这一概念差了很远。

3. 智斗章鱼可以看出船长沉着冷静，尼德兰使用鱼叉的技艺高超，更重要的是，书中写到一个同伴不幸死亡，船长伤心地哭，看出他重情重义，而电影中并没有提到，内容安排不恰当。

4. 电影中康塞尔跟船长打架那一部分，我特别不喜欢。小说中的康塞尔明明为人随和，讲究礼节，怎会动手打人呢？而电影中他与船长打架那一情节，他却是个用拳头说话的人，下手一次比一次狠，而船长被塑造得更为野蛮，拿起钢铁武器，说一定要让康塞尔付出代价，那恶狠狠的表情让人胆战心惊。改编得度太大了，更何况这一情节带给我们的分明是负能量，有何意义呢？

5. 小说中有个印度人采珠时遭遇巨鲨袭击，尼摩第一个冲上去与巨鲨搏斗，书中比较详细地写了，而电影中只是草草带过，写的是康塞尔救采珠人的部分较多，这怎么能突出船长舍己为人的精神呢？电影中船长正面的能量讲述得太少了。

其实一开始，我很期待电影，因为看书只能想象，而看电影有画面，但是因为改编得不好，电影远远不如原著惊心动魄、扣人心弦、引人入胜，这令我大失所望。电影拍了那么长并没有原著中的重点，与科幻小说的概念差得有些远，给人的感受并没有那么深刻。而原著可以让我们仿佛身临其境，带来一种不可言喻的画面感、刺激感。

图2

活动任务二：寻奇之旅

走进《海底两万里》，你便进入了一个五彩斑斓的神奇世界，你将经历一场险象环生的奇异之旅……请你按照下面的“航向”，开启这次寻“奇”之旅。

要求：再次阅读书本，按要求摘录文中信息，并概括其内容。

设计意图：引导学生熟悉书本内容，按照要求进行信息筛选，概括内容，提高信息提取能力和语言概括能力、语言表达能力。

1. 最“奇异”的海底生物：

名字：

奇异之处：

2. 最“奇丽”的海底风光：

标题：

描写：

3. 最“奇特”的海底美食：

名字：

特点：

4. 最“神奇”的海底科学知识：

名称：

神奇之处：

5. 最惊险刺激的“奇”遇：

标题：

经过：

6. “鹦鹉螺号”最“奇妙”的功能或装置：

名称：

奇妙之处：

7. 我最想去的神奇地方：

名称：

为什么：

设计意图：通过电影和原著的比较，加深阅读印象，激发二次阅读探索本书的兴趣，引导学生走向书本更深处；通过内容异同比较、创作手法异同比较，使学生理解文字阅读的魅力，提高思辨能力。

学生作品：

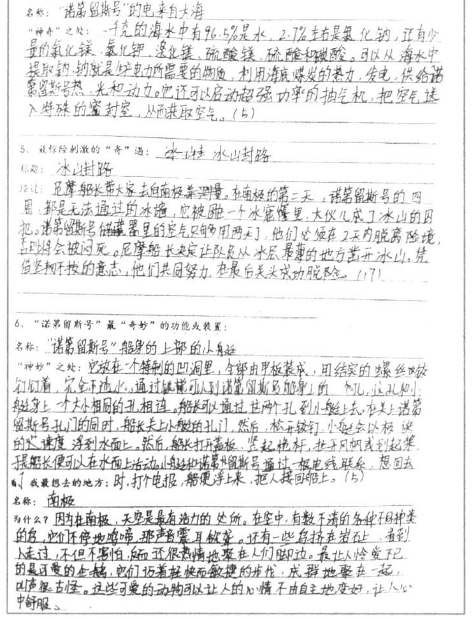

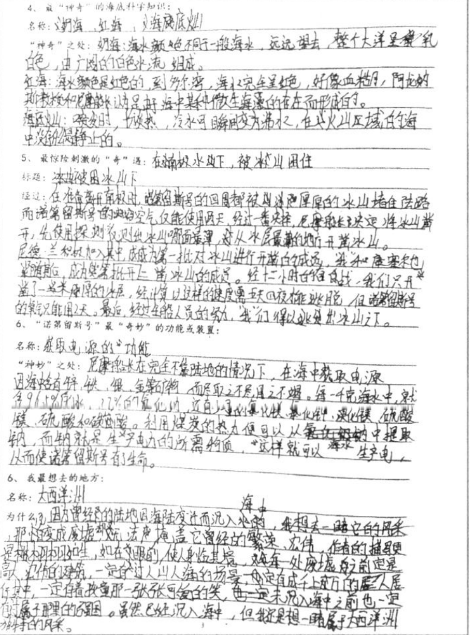

图3

活动任务三：神奇人物我评价

我看完本书，觉得书中有一群“神秘而神奇”的人物，你认为呢？请仿照“老师示例”，针对小说中四个主要人物，写出你的评价，至少每个任务摘抄评价不同的三处内容。

设计意图：深入理解书本内容，学习分析评价人物形象，理解复杂多面的人物特点。

老师示例：

尼摩船长印象

（1）“1千克的海水有96.5%是水，2.7%左右是氯化钠，其余就是小量的氯化镁、氯化钾、溴化镁、硫酸镁和苯酚。”

点评：尼摩船长对海水中丰富的成分了如指掌，数字掌握如此精确，可见尼摩船长知识有多么渊博。这真是一个神奇的人物！

（2）尼摩船长向他的房门走去，把门打开，走进房中。我眼看着他。在他房间里面的嵌板上，他的那些英雄人物的肖像下面，我看到一个年纪还轻的妇人和两个小孩的肖像。尼摩船长两眼看这肖像一下，向像中人伸出两只胳膊，同时跪着，抽咽起来。

点评：从这里，这个细节，我窥探到尼摩船长内心的巨大痛苦，感受到他对军舰实施报复之后并不开心，他的内心深处并不想杀人，不想报复任何人，但他又确实这样做了，看来，尼摩船长身上还有不为人知的复杂故事，是一个谜一样的船长！

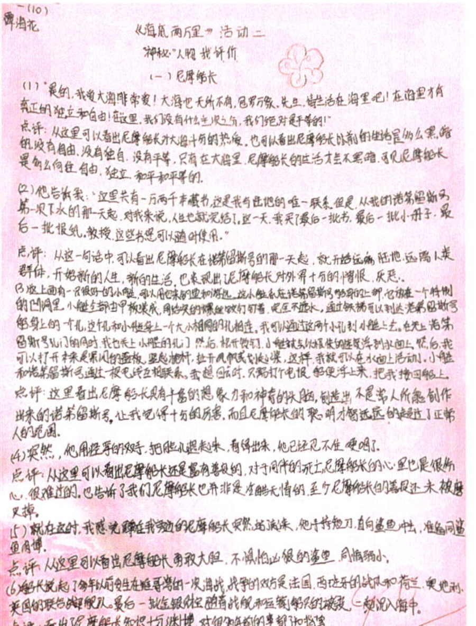

图4

活动任务四：神秘结局大猜想

《海底两万里》的结局并没有写明“鹦鹉螺号”何去何从，给人留下无限的遐想空间。你认为“鹦鹉螺号”和尼摩船长以及船员们，最后结局怎样呢？请大胆猜测，写出你想象到的结局，不少于600字。

设计意图：激发学生想象力，训练学生发散性思维，提高写作能力。

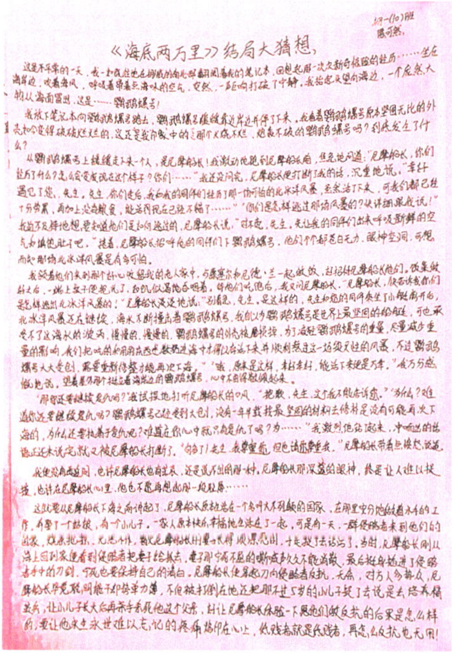
《海底两万里》结局大猜想

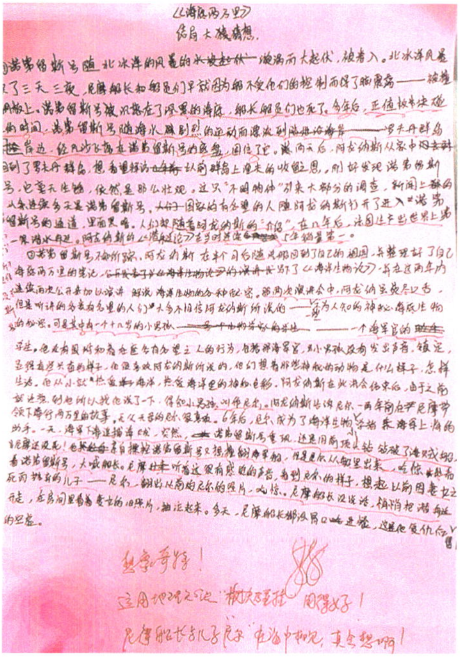
《海底两万里》
结局大猜想

图5

活动任务五：神奇故事大辩论

（1）读完本书，七年级（10）班的同学们对于尼摩船长击沉战舰一事展开了激烈的辩论：

正方：尼摩船长应该报复战舰。

反方：尼摩船长不应该报复战舰。

同学们，你是支持正方，还是反方呢？请你选择其中一方，写一篇不少于300字的辩论稿准备参加班级辩论赛。

（2）读完本书，想必“鹦鹉螺号”这一高科技产物的“神奇性”给你留下了深刻印象，但电影1997年版中有一句话，科技是把双刃剑，就此，请同学们联系小说和现实展开辩论（课下上网查阅相关资料）：

正方：科技发展对人类来说，利大于弊。

反方：科技发展对人类来说，弊大于利。

设计意图：撰写辩论稿，开展班级辩论赛。激发学生深入思考问题的兴趣，训练学生批判性思维，提高语言表达能力以及思辨能力。

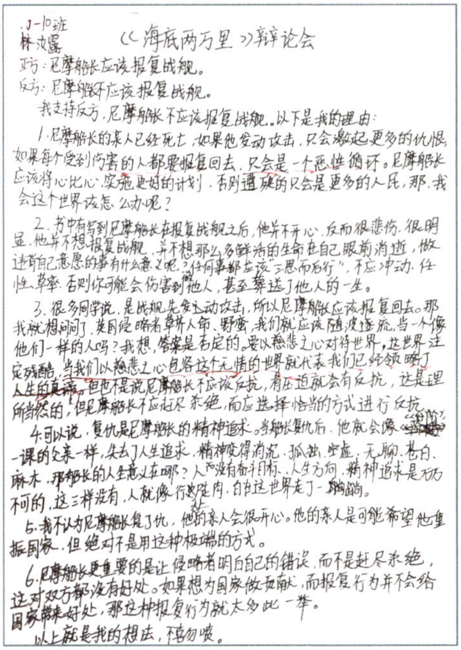

7-10班
林沁露
《海底两万里》辩论会

正方：尼摩船长应该报复战舰。
反方：尼摩船长不应该报复战舰。

我支持反方，尼摩船长不应该报复战舰。以下是我的理由：

1. 尼摩船长的亲人已经死亡，如果他发动攻击，只会激起更多的仇恨。如果每个受到伤害的人都要报复回去，只会是一个恶性循环。尼摩船长应该将心比心，实施更好的计划，否则遭殃的只会是更多的人民，那，我会这个世界该怎么办呢？

2. 书中有写到尼摩船长在报复战舰之后，他并不开心，反而很悲伤。很明显，他并不想报复战舰，并不想那么多鲜活的生命在自己眼前消逝，做违背自己意愿的事有什么意义呢？任何事都应该"三思而后行"，不应冲动、任性、草率。否则你可能会伤害到他人，甚至葬送了他人的一生。

3. 很多同学说，是战舰先发动攻击，所以尼摩船长应该报复回去。那我就想问问了，美国侵略者草菅人命、野蛮，我们就应该随波逐流，当一个像他们一样的人吗？我想，答案是否定的。要以慈悲之心对待世界，这世界注定残酷，当我们以慈悲之心包容这个无情的世界就代表我们已经领略了人生的真谛。但也不是说尼摩船长不应该反抗，有压迫就会有反抗，这是理所当然的，但尼摩船长不应赶尽杀绝，而应选择恰当的方式进行反抗。

4. 可以说，复仇是尼摩船长的精神追求。当船长复仇后，他就会像《台阶》一课的父亲一样，失去了人生追求，精神变得消沉、孤独、空虚、无聊、苍白、麻木。那船长的人生意义在哪？人生没有奋斗目标、人生方向，精神追求是不切可的，这三样没有，人就像行尸走肉，白白在这世界走了一遭。

5. 我不认为尼摩船长复了仇，他的亲人会很开心。他的亲人是可能希望他重振国家，但绝对不是用这种极端的方式。

6. 尼摩船长更重要的是让侵略者明白自己的错误，而不是赶尽杀绝，这对双方都没有好处。如果想为国家做贡献，而报复行为并不会给国家带来好处，那这种报复行为就太多此一举。

以上就是我的想法，不喜勿喷。

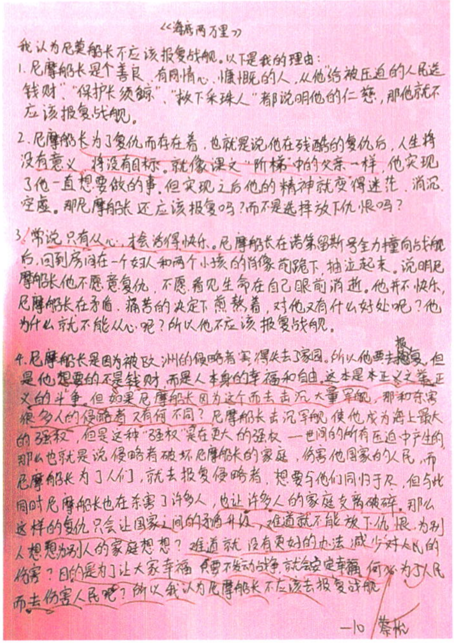

《海底两万里》

我认为尼莫船长不应该报复战舰。以下是我的理由：

1. 尼摩船长是个善良、有同情心、怜悯他人的人，从他给被压迫的人民送钱财、"保护长须鲸"、"救下采珠人"都说明他的仁慈，那他就不应该报复战舰。

2. 尼摩船长为了复仇而存在着，也就是说他在残酷的复仇后，人生将没有意义，将没有目标。就像课文"阶梯"中的父亲一样，他实现了他一直想要做的事，但实现之后他的精神就变得迷茫、消沉、空虚。那尼摩船长还应该报复吗？而不是选择放下仇恨吗？

3. 常说只有从心，才会活得快乐。尼摩船长在诺第留斯号全力撞向战舰后，回到房间在一个妇人和两个小孩的肖像前跪下，抽泣起来。说明尼摩船长他不愿意复仇，不愿看见生命在自己眼前消逝。他并不快乐，尼摩船长在矛盾、痛苦的决定下煎熬着，对他又有什么好处呢？他为什么就不能从心呢？所以他不应该报复战舰。

4. 尼摩船长是因为被欧洲的侵略者害得失去了家园。所以他要去报复，但是他想要的不是钱财，而是人本身的幸福和自由，这本是本正义之举，正义的斗争。但如果尼摩船长因为这个而去击沉大量军舰，那和夺害很多人的侵略者又有何不同？尼摩船长击沉军舰使他成为海上最大的强权，但是这种"强权"是在更大的强权——世间的所有压迫中产生的，那么也就是说侵略者破坏尼摩船长的家庭，伤害他国家的人民，而尼摩船长为了人们，就去报复侵略者，想要与他们同归于尽，但与此同时尼摩船长也在杀害了许多人，也让许多人的家庭支离破碎。那么这样的复仇只会让国家之间的矛盾升级，难道就不能放下仇恨，为别人想想为别人的家庭想想？难道就没有更好的办法减少对人民的伤害？目的是为了让大家幸福，只要不发动战争，就会安定幸福，何必，为了人民而去伤害人民呢？所以我认为尼摩船长不应该去报复战舰。

一10 蔡枫

图6

任务六：神奇故事大揭秘

读完《海底两万里》，相信你还会有许多无法解除的疑惑：尼摩船长的妻子和孩子是怎样死的？他为什么要复仇？他的仇人是谁？他来自哪里？他最终有没有生还？……你想知道吗？请看儒勒·凡尔纳的另外两部科幻小说——《船长和他的儿女们》《神秘岛》，这两部书会告诉你真相！

设计意图：激发学生阅读科幻作品的兴趣，将阅读拓展开去，由课内延伸到课外，扩大阅读量。

八年级

上册

红星闪闪耀华夏，碧血丹心铸青史

——《红星照耀中国》整本书阅读学习任务群

佛山市顺德区北滘镇莘村中学　黄　娟

一、整本书分析

《红星照耀中国》是统编教材八年级上册的名著导读篇目，是一部红色经典类的纪实文学作品。为了激发学生的阅读兴趣，让红色经典“活”起来，引导学生在整本书阅读的过程中感受共产党人的胸襟气度，了解作者表达的人性关怀，挖掘革命历史的现实意义，传承红色经典的永恒价值。本设计通过情境还原、任务驱动、成果交流、比较阅读、读写结合等活动形式，开展《红星照耀中国》整本书阅读教学实践，以期达到师生共读、共成长的良好效果。教材将这本书的阅读定位为“纪实作品的阅读”。

（一）作者简介

埃德加·帕克斯·斯诺（Edgar Parks Snow，1905—1972），出生于美国密苏里州，他正直善良、爱好和平、坚持正义，十分关切中国的命运，热情支持和保护学生的爱国热情。斯诺于1928年来到中国，作为一位有责任感的新闻记者，他坚持深入一线，踏遍中国大地进行采访报道，1936年6月，斯诺首次访问了陕甘宁边区，拜访了毛泽东等中共领导人，并对外展示采访资料，让更多的人看到了“红旗下的中国”。1937年10月，《红星照耀中国》（《西行漫记》）在英国伦敦公开出版，在中外进步读者中引起极大轰动。1938年2月，《西行漫记》中译本又在上海出版，让更多的人看到了中国共产党和红军的真正形象。

（二）内容简介

《红星照耀中国》是一部文笔优美的纪实性很强的报道性作品，被誉为研究中国革命的“经典的百科全书”。作者斯诺真实记录了自1936年6月至10月在中国西北革命根据地进行实地采访的所见所闻，向全世界真实报道了中国和中国工农红军以及许多红军领袖、红军将领的情况，毛泽东和周恩来是其中最具代表性的人物形象。

在《红星照耀中国》中，斯诺探求了中国革命发生的背景、发展的原因。他判断由于中国共产党的宣传和具体行动，使穷人和受压迫者对国家、社会和个人有了新的理念，有了必须行动起来的新的信念。《红星照耀中国》还描绘了中国共产党人和红军战士坚韧不拔、英勇卓绝的伟大斗争，以及红军领袖人物伟大而平凡的精神风貌。他发现了一个“活的中国”，对普通中国百姓尤其是农民即将在历史创造中发挥的重要作用做出了正确的预言，并断言中国的未来就掌握在他们手中。

（三）文本价值

《红星照耀中国》被统编版语文教材列入初中必读名著，有着独特的文本价值。

1. 体现立德树人的育人要求

《中国教育现代化2035》要求“全面落实立德树人根本任务，广泛开展理想信念教育，厚植爱国主义情怀”。《红星照耀中国》的教学目标是多维和多向的，对远离红色历史的当代中学生，具有历史文化必要的认知意义和现实社会急需的教化意义。主要着力点是帮助学生“感受个人成长与民族文化和国家命运之间的联系”，“关注社会发展变化，增进关心社会的兴趣和情感，养成亲社会行为”。学生在整本书阅读的过程中感受到共产党人的胸襟气度，了解作者表达的人性关怀，挖掘革命历史的现实意义，传承红色经典的永恒价值。

2. 符合核心素养的养成规律

经济合作和发展组织界定核心素养是每个个体实现成功生活与建设健全社会所必备的知识、技能、态度、情感与价值观的集合体。培养核心素养往往不是指定培养某一种，而是各项核心素养的综合培养。阅读任务群的整体设计，正好适应《红星照耀中国》培育核心素养的特殊诉求。

3. 实现跨学科的互动双赢

从《红星照耀中国》中一窥历史、政治教材的综合地带，呈现活生生的人物，给历史学科呈现鲜活的历史事实，为政治学科提供苏区的社会形态，使历史、政治书中的抽象知识变成了真实的情景。同时，整部书还为两门学科的学习提供了一以贯之的全情境。政治、历史两门学科又为语文阅读提供所需要的历史背景和政治观念以及思想方法。打破学科壁垒，实行跨学科课程整合，对接学生发展核心素养，是《红星照耀中国》首选教学策略。

二、教学目标

以《红星照耀中国》为代表的红色经典阅读需要“完整学习”——跨学科多维化全过程学习，以问题、项目、任务驱动的情境化学习，在互文性观照中将知识结构化，在实践探究中将认知和情感内化。在此基础上设定了以下教学目标：

（1）通过高效阅读整体把握作品的背景及主要内容，了解作品所写的事实，把握作者的观点态度，激发学生阅读整本书的兴趣。

（2）了解采访报道类的纪实文学的特点，通过活动预设、阅读专题分享总结阅读纪实作品的方法，学会专题探究文学名著经典的方法。

（3）体会斯诺叙述视角，感受共产党领导下的“红色中国”的希望与力量。

（4）通过文中人物成长经历，了解中国共产党人及红军的革命之路，感受中国共产党人的精神品质及红军体现的精神力量，树立正确的人生观与价值观。

三、学情分析

八年级学生已掌握“圈点勾画”“精读与跳读”“做批注”“快速阅读”等基础的读书方法，可以综合运用这几种读书方法完成作品的阅读。第一个单元的学习之后，学生已经了解了新闻类作品的特点，对纪实类文学是有一定认识的。学生七年级时读过《红岩》，对国共两党的关系有一些认识。但是《红星照耀中国》所描写的时代距离学生较远，又具有一定的政治性，学生读起来可能兴趣不大。

四、阅读规划

（一）阅读准备

（1）了解作者：了解斯诺作为新闻人的特点，感受斯诺对中国的情感，为阅读中理解斯诺的态度变化做铺垫。

（2）认识报告文学：了解作品的文体特点，以便采取合适的阅读方法，带着目的阅读。

（3）进行高效阅读：阅读名著文本及相关评价，初步了解其新闻性和文学性，初步感受作品的价值，激发学生的阅读兴趣。

（4）方法指导：高效阅读训练，具体要求见“方法指导”部分。

（5）通读指导：认可选材价值，只有首先认可了纪实文学的选材价值，激发起学生的阅读兴趣，才有可能引导学生对整本书进行主动深入的阅读。

（二）具体规划

表1

阅读阶段	阅读时间	阅读回目	阅读重点	活动任务
第一阶段 分步骤 阅读活动	第1周	第一篇	探寻红色中国	看封面，读序言、目录 解谜概要
	第2周	第二篇	去红都的道路（贺龙二三事）	绘制斯诺采访地图
	第3周	第三篇	在保安（苏维埃掌权人物）	
	第4周	第四篇	一个共产党员的由来	绘制长征路线图
	第5周	第五篇	长征（过大草地）	
	第6周	第六、七篇	红星在西北、去前线的路上	
	第7周	第八篇	同红军在一起	
	第8周	第九篇	战争与和平（红小鬼）	群像演绎，活化人物 颁奖典礼，感动你我 场馆纪念，精神永存
	第9周	第十篇	回到保安	
	第10周	第十一篇	又是白色世界	
第二阶段 整本书 研读及 阅读展示	第11—12周	整本书内容回顾、阅读成果展示	挖掘人物的精神，传承红色革命精神。 读写结合，寻找最亮的星	活动二、三、四、五的具体展示。 写一篇人物小传

五、学习任务群设计

（一）任务群导航

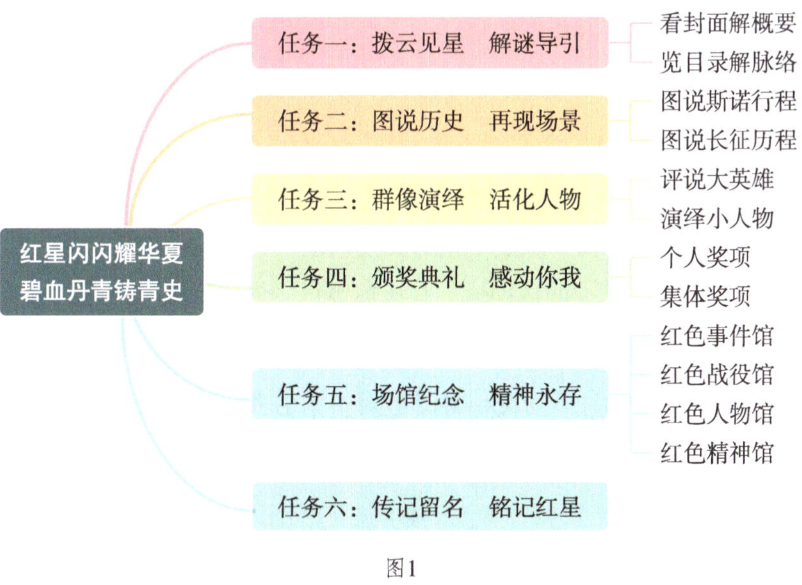

图1

（二）任务群设计

任务一：拨云见星，解谜导引

（1）看封面解谜概要：请欣赏本书1938年版、2016年版的封面。

① 注意封面中的画面内容：人物、色彩、图案、线条。

② 结合名著题目和画面，大胆猜想本书的相关内容。

1938年版名为《西行漫记》，从书名可以看出是作者在中国西部的一次漫游记录，漫游所至及所见究竟是什么？在书名中并未加以透露。细心的读者可以通过封面上的那幅风景图猜测到作者漫游之所在就是红色延安。而这一幅图又出现在《红星照耀中国》的扉页和封底。两个不同版本的对比，激发起学生的阅读兴趣。为什么两本书的名称不同？可顺势引出时代背景：那个白色恐怖的时代，红军和共产党以及毛泽东等领袖们被外界舆论妖魔化。斯诺冲破封锁，用他客观公正的立场，通过这本书向全世界展示了一个真实的红军和共产党。该书传遍世界，影响了无数人对于中国和中国共产党的看法，激励大量青年走上革命道路。

2016年版名为《红星照耀中国》，其封面是一个小号手的红色剪影，充满朝气，代表着蓬勃向上的生命力。结合书名唤起学生的已知，请学生说说“红星”的象征意义，教师适时补充相关知识，使学生明确红星就是红军、中国共产党、中国共产主义革命的象征，《红星照耀中国》象征着中国共产党必将胜利，共产主义必将成为中国人民的选择。

（2）浏览目录解谜脉络：整理书本内容的基本脉络和情节线索。

① 浏览目录，根据目录猜一猜作者大致的行走路线、记叙内容、采访对象。

② 化繁为简，提取信息，画一画斯诺的行走路线图，试着把一本厚厚的书简化成图示表达。

设计意图：依据纪实文学的特点，抓住主标题，结合序言和相关背景知识，总览目录，梳理出整本书的主要情节线索。了解这本书曾经为了顺利发行而改名的历史原因；强调序言在整本书阅读中的提纲挈领的作用；教会学生用思维导图来梳理整本书，促使养成阅读纪实文学、把握作者采访脉络的习惯。

任务二：图说历史，再现场景

（1）图说斯诺行程：先用文字梳理斯诺的采访行程，再用地图或路线图画出来，并配以文字说明。

① 文字梳理：北京—西安府—延安—安塞—保安—吴起镇—预旺堡—甘肃—延安—西安府—北京。

② 指点迷津：以目录为纲，挑出地名对照地图，将散点连缀成线；抓住人物和地点这两个关键信息。

设计意图：通过“图说历史”的学习活动，以鲜明直观的方式，让学生快速把握名著基本内容信息，是整本书阅读活动的基础，也为后面的专题活动做好了铺垫。

学生作品：

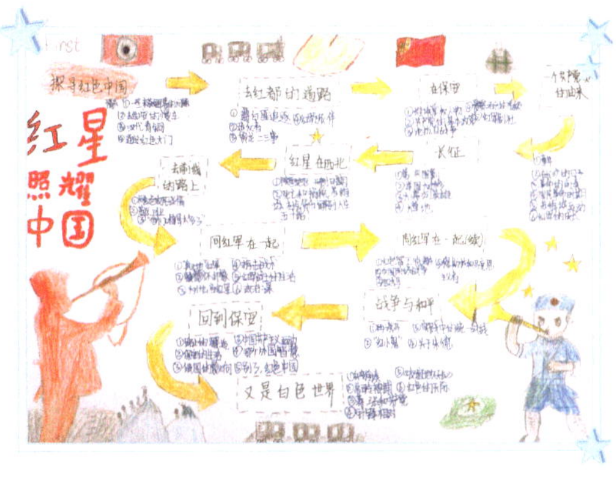

图2

（2）图说长征历程：用地图形式绘制长征的路线图，并为重要场景绘制插图。

① 以小组为单位，讨论红军长征历程，展示所绘插图，用原著评论语段总结长征胜利原因。

② 概括方法：抓住大事件中的典型细节生动讲述，借助想象、绘画描绘场景，加深阅读印象。

设计意图： 在“绘制长征路线图”这一环节，学生需要通过完整的阅读，对内容进行有效的梳理，提取文字信息，再以构图的方式呈现，能培养学生梳理、归纳、提取、整合的思维能力。

学生作品：

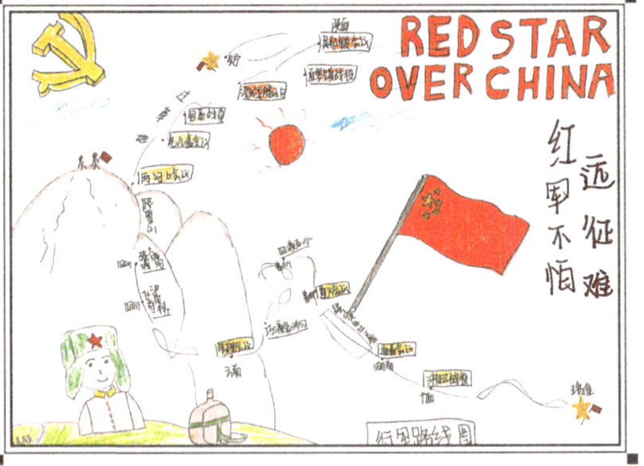

图3

任务三：群像演绎，活化人物

（1）评说大英雄：从书中选出一位你最喜欢的大英雄，将书中与他有关的故事连缀起来，用评书的形式来呈现，例如周恩来、彭德怀的故事。

（2）演绎小人物：英雄不问出身，磨砺造就实力。选一帮你最喜爱的小人物，将书中他们鲜活有趣的生活瞬间编成剧本，用情景剧的形式展现他们的故事和心中的信仰。

例如，三幕短剧《农民与红军》：第一幕《白匪收税》；第二幕《与农民的谈话》；第三幕《对话红小鬼》。

设计意图：不同的人物群像，在于他们完全不同的出身和经历，造就了不同的人物性格和个性魅力，通过评书或者情景剧的形式，再现场景，活化人物，既加深了学生对人物的理解，又能以活动的形式推动学生对名著的深度阅读。

学生作品：

图4

任务四：颁奖典礼，感动你我

为了突出表彰书中的英雄人物，在班级举行“红星闪耀”颁奖典礼，颁奖典礼奖项建议设置为：（1）个人奖项；（2）集体奖项。

要求结合人物特点给每个奖项起一个响亮的名称，并撰写颁奖词，颁奖词要结合人物生平经历、提炼精神品质，语言可以肃穆庄严，也可以轻松活泼。

设计意图：作为任务驱动性阅读环节，需要围绕重点、突破难点，不仅激发学生再次阅读作品的兴趣，还让学生明确专题学习内容。在大任务的驱动下，将专题学习阶段再分成四个小任务。整个过程需要学生深度阅读，梳理、归纳、分析、评价，培养学生的高阶思维能力。

学生作品：

（1）个人奖项颁奖典礼

最勇战神奖——贺龙

老骥伏枥奖——徐特立

（2）集体奖项颁奖典礼

红军——星星之火奖；

红小鬼——旭日东升奖；

红区农民——最美和声奖。

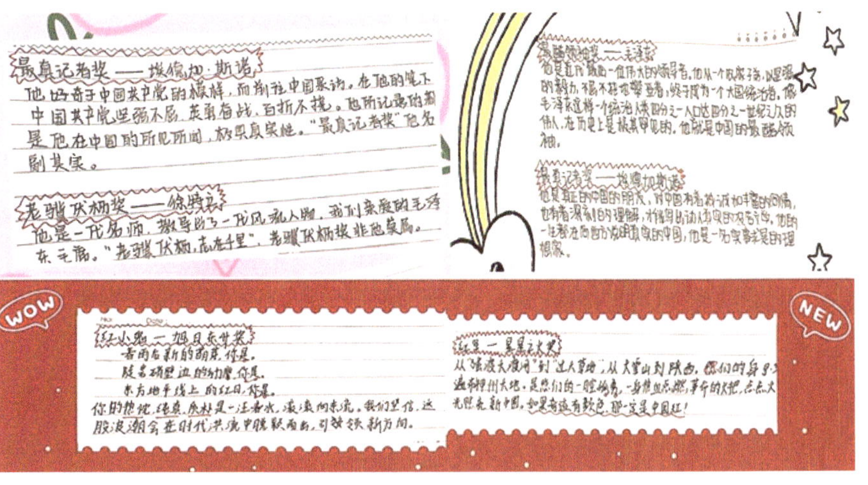

图5

任务五：场馆纪念，精神永存

在认真通读《红星照耀中国》全书后，建立红军长征纪念馆，并以导游的身份向前来参观的游客介绍长征纪念馆分场馆。

要求紧扣“长征精神”，设计分场馆名称、展览内容、场馆纪念意义，编写解说词，以脱稿演讲的方式熟练流畅地展示出来。

设计意图：该环节是课堂展示的主体以及核心环节，主要以小组合作、展示成果的形式呈现。四个分场馆既指向对长征路线、红色战役、红色人物等事实过程的梳理，同时又是对作品内容和主题的分析、整合。它既是对各小组阅读任务完成情况的一次考核，又是师生交流阅读成果、总结阅读方法、提升阅读能力的一个契机。

学生作品：

（1）最美分场馆闪亮登场

红色事件馆→红色战役馆→红色人物馆→红色精神馆

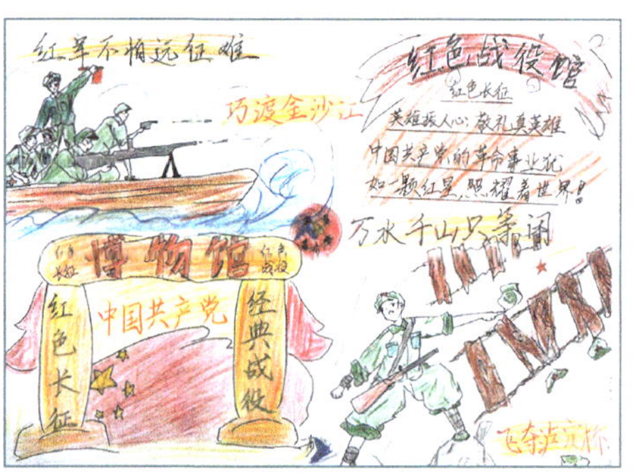

图6

（2）设计场馆展示内容，编写导游解说词：

① 长征路线馆，借助长征路线图，向游客解说长征路线；

② 红色战役馆，介绍长征途中经典的红色战役；

③ 红色人物馆，介绍长征途中涌现出来的红色人物；

④ 红色精神馆，介绍红色战役和红色人物中蕴含的红色精神。

英魂振人心，致敬真英雄。中国共产党领导的革命事业犹如一颗闪亮的红星，不仅照耀着中国的西北，而且必将照耀整个中国、照耀全世界。

任务六：传记留名，铭记红星

斯诺在这部纪实作品中塑造了大量的英雄人物，请运用八年级上册第二单元写作内容“学写传记”的基本知识，在毛泽东、周恩来、彭德怀等红军领袖中选出你心目中“最亮的星”，给《红星照耀中国》中的某位红色人物写一则小传，要求能体现人生的生平经历和性格特征。

设计意图：学生在读写支架的引领下，根据自己的阅读积累和阅读体验撰写红色人物小传，实现以读促写。这样的方式，一方面可以检测学生的阅读效果，另一方面还能再次驱动学生的阅读，实现以写促读。因为只有高质量的阅读，学生才能写出红色人物的生平经历，才能准确表述红色人物的性格特征，升华人物的精神风貌。

学生作品：

彭德怀撰写的人物小传示例：

彭德怀，生于湘潭，家境富裕。六岁丧母，父亲续弦。因冒犯祖母，险被溺死。九岁离家，做过童工，四处颠簸，只是技多不压身吧！十六岁，回乡遇灾荒，遂劫富济贫。十八岁，当排长，遭叛变，受苦刑。刑满释放后回乡，寻表妹，却已故，遂当兵，举行起义，开始土匪生涯，红军长征时已是司令员。平时素爱欢笑，身后常跟一群“小鬼”。迟睡早起，却体格健朗，富有才智，又吃苦耐劳。年轻时爱读司马光的《资治通鉴》，认真思考“军人”的责任，后又将兴趣放在陈独秀的《新青年》，待军校毕业时已读《共产党宣言》《新社会》《阶级斗争》等书。真可谓是文武全才！

该生既写出了彭德怀的性格特征，又完整地呈现了彭德怀的生平经历。同时，撰写人物小传也是对学生评价、创造等高阶思维能力的培养。

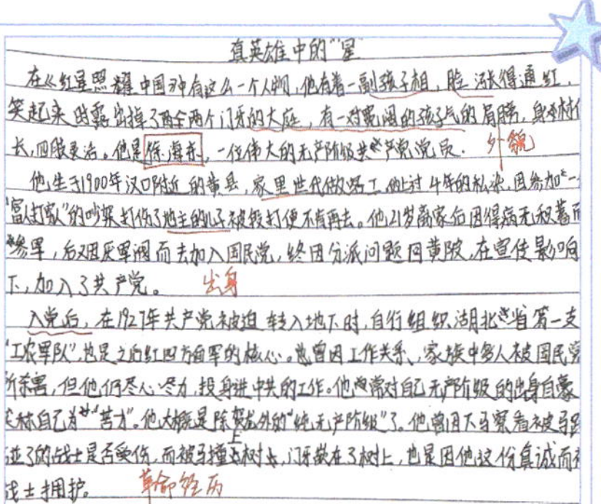

图7

其他作品：

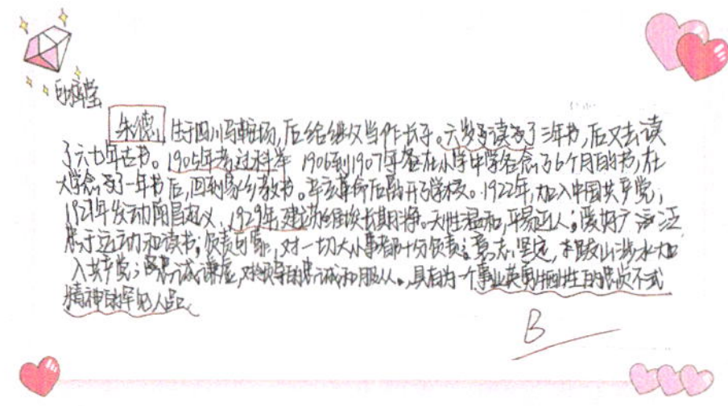

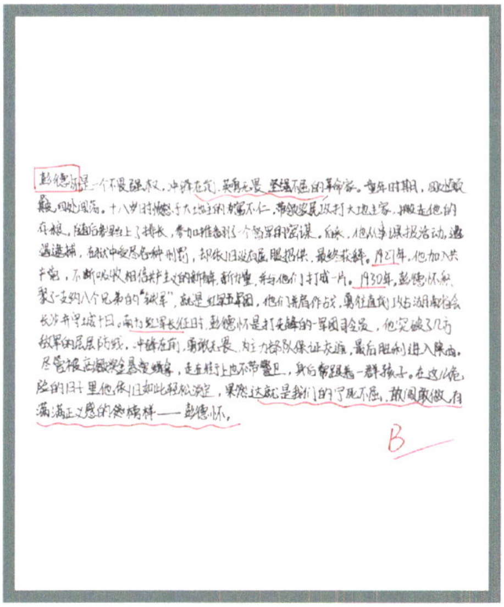

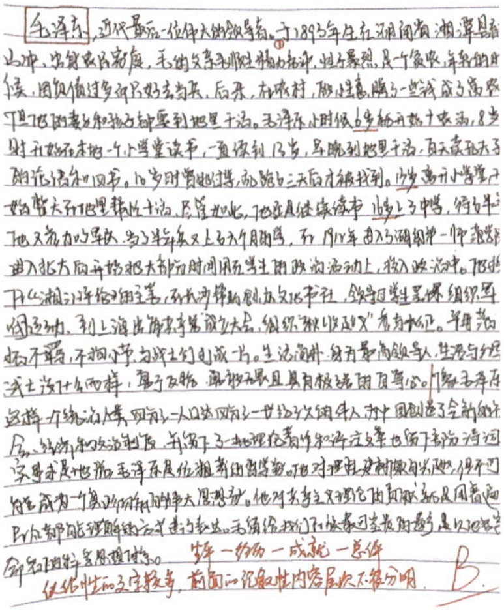

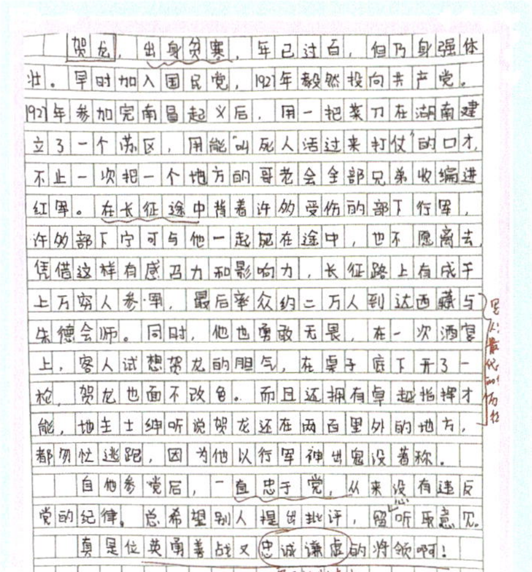

彭德怀……

毛泽东，近代最后一位伟大的领导者。……

贺龙，出身贫寒，年已过百，自乃身强体壮。早时加入国民党，1927年毅然投向共产党。1927年参加完南昌起义后，用一把菜刀在湖南建立了一个苏区，用能"叫死人活过来打仗"的口才，不止一次把一个地方的哥老会全部兄弟收编进红军。在长征途中背着许多受伤的部下行军，许多部下宁可与他一起死在途中，也不愿离去，凭借这样有感召力和影响力，长征路上有成千上万穷人参军，最后率众约二万人到达西藏与朱德会师。同时，他也勇敢无畏，在一次酒宴上，客人试想吓龙的胆气，在桌子底下开了一枪，贺龙也面不改色。而且还拥有卓越指挥才能，地主士绅听说贺龙还在两百里外的地方，都匆忙逃跑，因为他以行军神出鬼没著称。

自他参党后，一直忠于党，从来没有违反党的纪律，总希望别人提出批评，留心听取意见。真是位英勇善战又忠诚谦虚的将领啊！

采用材料来体现！ B+

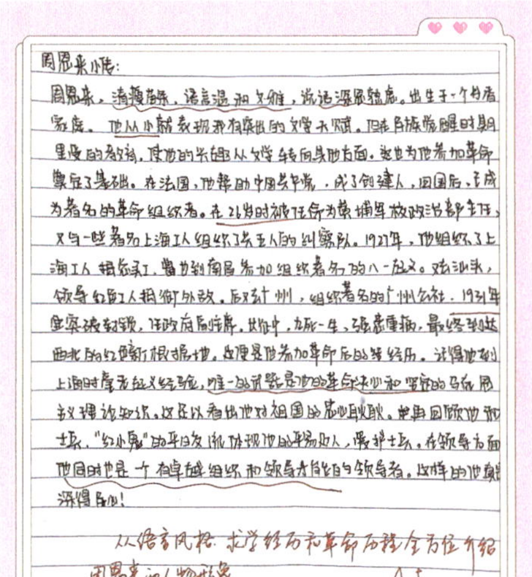

周恩来小传：……

图8

生命与诗意的协奏曲

——《昆虫记》整本书阅读学习任务群

佛山市顺德区勒流育贤实验学校　周红霞

一、整本书分析

《昆虫记》是统编教材八年级上册的名著导读篇目，是法国昆虫学家法布尔花了足足30年时间写就的十卷本科普巨著。课本将本书的阅读定位为“科普作品的阅读”。

（一）作者简介

法布尔（1823—1915）：全名让-亨利·卡西米尔·法布尔（Jean-Henr i Casimir Fabre），法国著名的昆虫学家、文学家、博物学家。被世人称为“昆虫界的荷马”“昆虫界的维吉尔”。他用水彩绘制的700多幅真菌图，深受普罗旺斯诗人米斯特拉尔的赞赏及喜爱。他也为漂染业做出贡献，曾经获得三项有关茜素的专利权。他的主要作品有：《昆虫记》（全十卷）、《自然科学编年史》。

（二）内容梗概

《昆虫记》又称《昆虫世界》《昆虫物语》《昆虫学札记》或《昆虫的故事》，是长篇生物学著作，共十卷。1879年第一卷首次出版，1907年全书首次出版。

该作品是一部概括昆虫的种类、特征、习性和婚习的昆虫生物学著作，记录了昆虫真实的生活，表述的是昆虫为生存而斗争时表现出的灵性，还记载着法布尔痴迷昆虫研究的动因、生平抱负、知识背景、生活状况等内容。作者将昆虫的多彩生活与自己的人生感悟融为一体，用人性去看待昆虫，字里行间都透露出作者对生命的尊敬与热爱。

（三）文本价值分析

从结构上看，《昆虫记》可以看作单篇散文组合而成的散文集，它和八年级上册教材的课文《蝉》，共同组成一个阅读整体，可以使学生通过课内习得的科普文阅读经验阅读本书，实现阅读的“三位一体”。

从内容和语言上看，《昆虫记》以法布尔真实的观察和科学的实验为基础，介绍了昆虫的种类、特点、习性等内容，语言上严谨准确，生动有趣，富有诗情画意，既能让学生获得有关昆虫的知识，又能让学生品味、欣赏优秀科普作品的语言特点。

从思想价值上看，本书极具人文精神，人性与虫性交融，知识、趣味、美感、思想相得益彰，法布尔以尊重和热爱为昆虫谱写的生命乐章，可以使学生获得对生命的熏陶和思考。

二、教学目标

（1）获得有关昆虫的科学知识。本书介绍了很多昆虫的知识，引导学生在阅读中积累与昆虫相关的科学知识。

（2）学习科学思维、科学理念和作家的科学精神。法布尔为了获得昆虫的第一手资料和数据，几十年如一日地对昆虫进行细致的观察、运用科学方法验证，同时不断提出自己的思考，对每一个细节都保持实事求是的严谨谨慎的态度。同时，他把客观性和准确性作为自己的主要原则，努力完成自己的研究，以更好地掌握事物的本质。法布尔不断探索新的领域，对未知世界和新知识充满好奇，这也是一种科学的精神。

（3）品味本书活泼明快、生动幽默的语言技巧。作为一部科普著作，法布尔的语言生动明快、活泼诙谐、幽默风趣，这种语言风格为读者的阅读带来轻松愉悦的阅读体验，这也是本书长久以来深受各个时代的读者喜爱的原因。

（4）学会阅读科普作品的一些方法。可借助前言、后记或附录中有关作家作品的介绍，了解作家的生平事迹、科学成就和全书的大致内容，为阅读整本书做些准备。在阅读中，遇到一些专业性较强的概念、术语，要查找工具书或相关资料，把握其含义；要运用自己在课内外学到的知识加强理解，深化认识。体会科普作品蕴含的科学思维、科学理念和科学精神，扩大知识领域，锻炼思维，让科学的光芒照亮自己，同时也要关注科普作品的艺术趣味。

（5）感受法布尔对生命的尊重与热爱。在法布尔所处的那个时代，一般昆虫学家的研究是把昆虫装在木盒里、浸在酒精里，观察昆虫的触角、上颚、翅膀、足等，极少去思考这些器官的功能，不重视研究昆虫的本能与习性。法布尔一反常规，用野外观察和实验的方法来研究昆虫的本能与习性。他曾说：“你们是把昆虫开膛破肚，而我是在它们活蹦乱跳的情况下进行研究；你们把昆虫变成一堆既可怖又可怜的东西，而我则使得人们喜欢它们；你们在酷刑室和碎尸场里工作，而我是在蔚蓝的天空下，在鸣蝉的歌声中观察；你们用试剂测试蜂房和原生质，而我却研究本能的最高表现；你们探究死亡，而我却探究生命。”法布尔从不满足于仅仅记录昆虫的生活，他关注的是昆虫活生生的生命过程。他对于昆虫的形态、习性、劳动、繁衍和死亡的描述，处处洋溢着对生命的尊重，对自然万物的赞美。这种敬畏生命的情怀，给《昆虫记》这部科学著作注入了灵魂和生气，使之成为“一部很有趣，也很有益的书”（鲁迅语）。

三、学情分析

八年级学生对《昆虫记》这种生动幽默的科普作品，并不排斥。有的学生小学时还阅读过简易版的《昆虫记》，也具备了一定的阅读和赏析科普作品的能力。因此，学生基本具备浅层阅读的能力与品质。但是，如若要深层解读名著，形成个性化阅读积累，仍有许多困难需要克服：一是外国译注在表达上和母语表达的细微差别使阅读理解会有一定障碍；二是对昆虫世界的陌生感，对科学术语的陌生感阻碍阅读；三是归纳概括、比较分析的知识内化能力不够强。

要解决这些困难，需要教师进行有效指导，为此，教师进行如下教学设想：

（1）版本选择。《昆虫记》一共十卷，基于指导时间的有限性和指导目的的举一反三的意义，选择人民教育出版社出版的陈筱卿译注版为统一版本指导阅读。

（2）主题构建。基于《昆虫记》的说明对象是生命——昆虫，和法布尔在《昆虫记》中展现出来的昆虫研究方法——对活着的生物进行研究，《昆虫记》文字的特点——活泼明快、生动幽默，以及由此体现出的对昆虫的态度——平等与尊重，确定主题为“生命与诗意的协奏曲”。核心主题的确定，给阅读一个明确的导向。

（3）流程设计。《义务教育语文课程标准（2022年版）》指出：“整本书阅读教学，应以学生自主阅读活动为主。引导学生了解阅读的多种策略，运用浏览、略读、精读等不同阅读方法；通读整本书，了解主要内容，关注整体与局部、局部与局部之间的关系。”遵循阅读的基本思维流程，按照由局部到整体的顺序，由浅入深，同时适当开展跨学科活动，设计学习任务群：生命大观园、图说生命、诗意配音（配文）、生命求解、生命与诗意的协奏曲。其中，“生命大观园、图说生命、诗意配音（配文）、生命求解”部分，是从局部的角度，针对昆虫特点、昆虫习性、本书语言特色、本书科学精神进行归纳概括及赏析；“生命与诗意的协奏曲”部分，则是从整体的角度，对法布尔、对《昆虫记》进行综合分析和鉴赏。

（4）阅读方法。检索法——通过检索目录、前言，了解全书内容、作者基本信息；通过网络或其他资料检索，了解陌生概念、术语，辅助阅读科普作品。浏览、略读、精读结合法——了解昆虫基本信息，把握关键内容，品析语言特色。

四、阅读规划

表1

阅读阶段	阅读活动		
第一阶段通读圈画阶段	第1周	初读，读到《昆虫记》一半	在书上进行批注，标出名称、种类、特点、习性等，每篇至少旁批两处，欣赏文字或抒发感想
	第2周	初读，读完《昆虫记》全书	

续 表

阅读阶段	阅读活动		
第二阶段梳理展示阶段	第3—4周	再读，完成任务一、二、三、四	从局部出发，进行《昆虫记》的内容梳理、语言赏析
	第5周	再读，完成任务五	从整体的角度，对《昆虫记》进行综合分析和鉴赏

五、学习任务群设计

（一）任务群导航

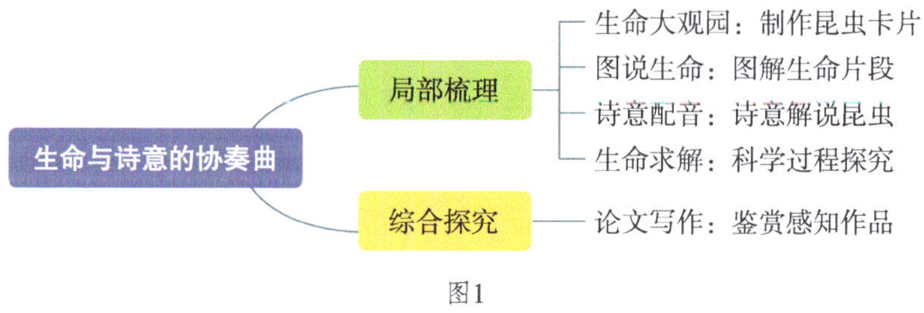

图1

（二）任务群设计

情境设计：2023年12月，法国将开展法布尔诞辰200周年纪念活动。为表达对法布尔这位“昆虫界的荷马”的尊敬与怀念，佛山市顺德区勒流育贤实验学校八年级学生将潜心阅读《昆虫记》，并以开设“生命与诗意的协奏曲”网络主题纪念馆的形式，参与纪念活动。请完成下列任务。

任务一：生命大观园

结合阅读体验，选择一种昆虫，制作昆虫卡片，在网络大观园展出。

卡片制作要求：①有学名；②有昵称；③有图片；④有简介（可查阅百度获取补充信息）。

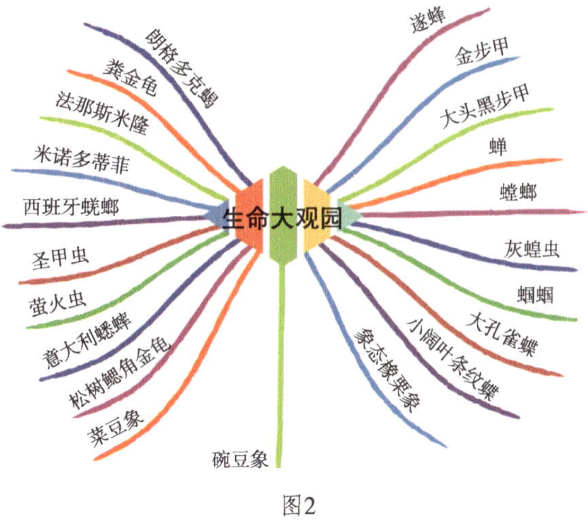

图2

设计意图：此任务指向对《昆虫记》文本的初步阅读，让学生整体感知昆虫特点，形成本书的基本知识框架。学生在制作昆虫卡片的同时，得到读书方法的训练，比如查资料、圈点批注等，并训练归纳和概括思维能力，促使审美能力得以提高。

学生作品：

正面

背面

大孔雀蝴蝶

学名：大孔雀蝴蝶
昵称：
简介：(外貌)：它是欧洲最大的蝴蝶，穿着栗色天鹅绒外衣，系着白色皮毛领带。翅膀上满是灰白相间的斑点，一条浅白色之字形线条穿过其间，线条周边呈烟灰白，翅膀中央有一个圆形斑点，宛如一只黑色的大眼睛，瞳仁中闪烁着黑色、白色、栗色、胭脂红色等呈弧色状的变幻莫测的色彩。它的体色朦胧泛黄的毛虫也同样美丽好看。它那稀疏地环绕着一圈黑纤毛的体节末端，镶嵌着青绿色的珍珠。
习性：对于光线的诱惑无法拒绝。传达信息方式不以声音，气味和光线为手段。
人生唯一目的：结婚。
奇观：那大孔雀蝴蝶可是个无人可比的禁食者，完全不受其胃的驱使，无须进食即可恢复体力，它的口腔器具只是徒具形式，是无用的装饰。所驱使它的是求偶的欲望
个人评价：不是在求偶就是在求偶路上的恋爱主义者。

正面

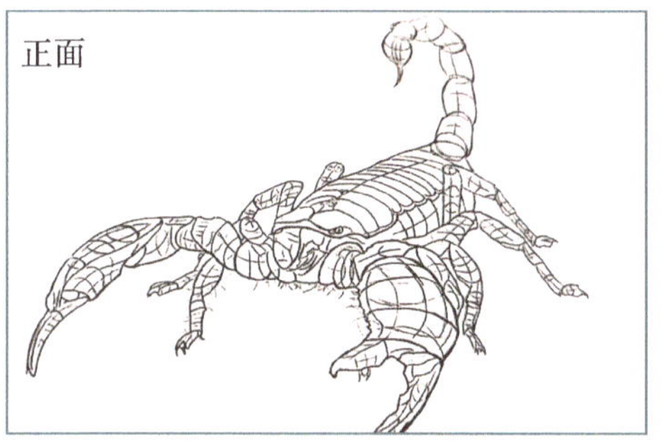

背面

朗格多克蝎

学名：朗格多克蝎
昵称：
简介：(外貌)：发育完全时，身长可达八九厘米。它的尾巴，由五节相连的状如酒桶的棱柱体，相互间由基底板连接，形成粗细相间、错落有致的棱状条条，好似一串珍珠。这样的纹路还遮盖着那举着大钳的大小臂膀，并把臂膀分割成一些条形层面。还有一些纹路弯弯曲曲地分布在背脊上，好似其护甲那粗野厚重的累赘，而且乱花镶边。尾端还有第六体节，表面光滑，呈泡状，是制作并储存毒汁的地方。
婚姻：在交尾之后由女方残忍地把男方干掉。
生殖：小宝宝缩成米粒状，以节肢重叠，尾巴贴在肚子上，双钳收回胸前，足爪紧紧地贴于腰侧，这样一来这些椭圆形的小宝宝便可顺利地滑出来。蝎妈妈用大颚先小心翼翼地撕破薄膜，然后吞下。

隧蜂，学名宽带隧蜂，体形一般较为纤细，其腹环则有一道光滑明亮的细沟，当它处于防卫状态时，细沟则忽上忽下地滑动。四月份，工匠们在井下忙活，一个小土包顶端晃动起来，随即从坡面滑落，这是一个工匠造成的。五月，挖土方的工人变成了采花工，它们一旦收获归来，就有一群歹徒趁火打劫，这不禁令法布尔联想到身陷战争的贫苦人民，同情他们的不幸。当成蛹期来临之后，隧蜂妈妈用泥土把储藏室封堵严实，不让歹徒有机可趁。以虫性观照人性，以人性洞察虫性是法布尔的绝妙之法。

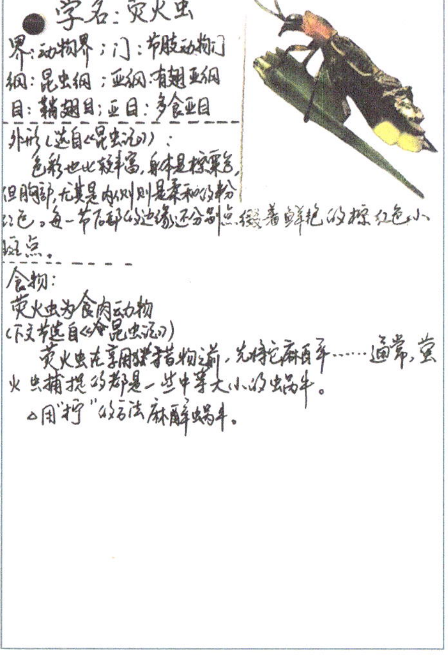

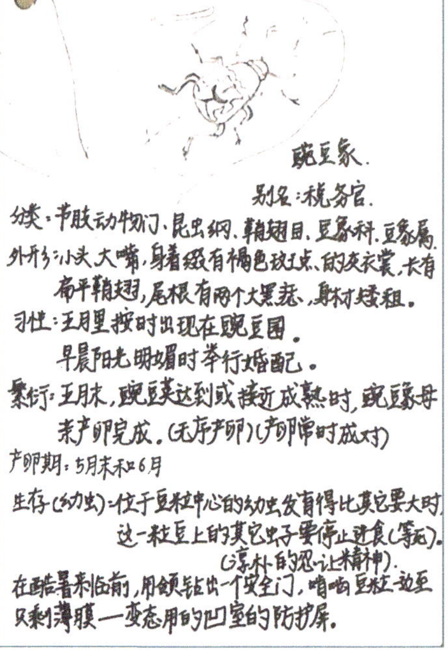

图3

任务二：图说生命

选择你喜欢的一种昆虫，用四格漫画的形式，图解你印象最深的片段。（提示：印象深刻片段的选择，宜围绕习性、住宅、求偶、繁衍等其一进行选择）

设计意图：此任务指向对昆虫生活习性的深度理解。学生在这一任务中，需要再读感兴趣的片段，在熟习了解昆虫生活习性的基础上，培养学生分步骤归纳和概括的能力，在四格漫画的图文构想中，培养学生的思维能力和审美水平。同时，这种深度阅读又为任务三诗意配音和任务四生命求解做准备。

学生作品：

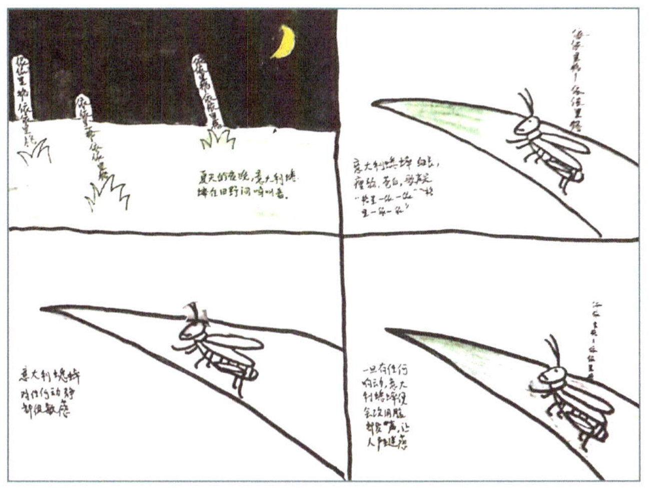

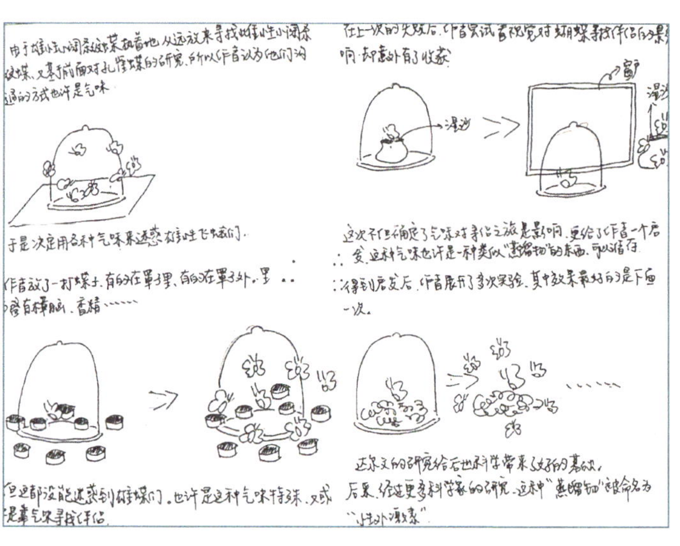

图4

任务三：诗意配音

《昆虫记》对昆虫的解说充满生命的诗意，以下任务，请选择一个完成：

（1）在网络上查找和《昆虫记》某段文字相匹配的视频，用法布尔的文字进行配音解说。

（2）在网络上查找你喜欢的昆虫视频，模仿法布尔的口吻撰写解说文字并进行配音解说。

设计意图：此任务旨在让学生体味并学习《昆虫记》语言特色，感受法布尔字里行间的生命情怀。用视频配音形式展现，则是将这种语感的训练与跨学科学习综合起来。

任务四：生命求解

法布尔是如何获取这么多宝贵的昆虫知识的呢？请选择一种昆虫，将法布尔的探究过程用表格的形式梳理出来。

设计意图：此任务指向对法布尔科学精神的把握和理解。《昆虫记》作为科普作品，学生要从中学习科学家大胆假设、小心求证的严谨认真的科学精神。

学生作品：

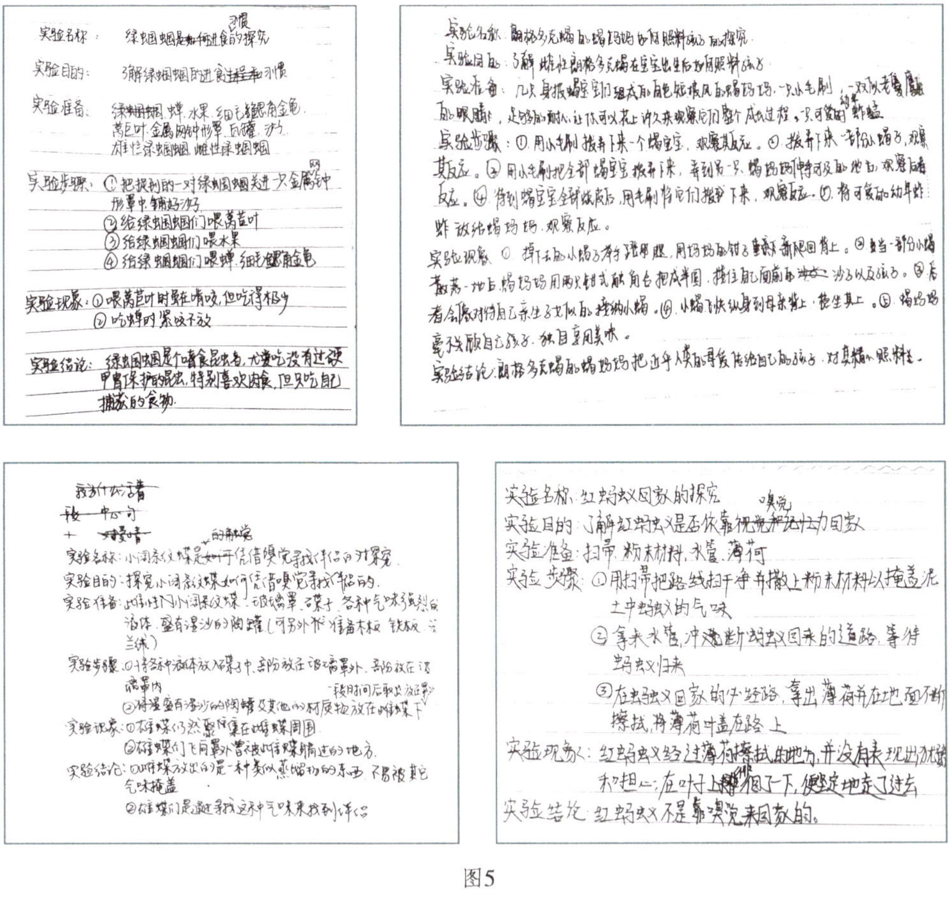

图5

任务五：生命与诗意的协奏曲

请以“生命与诗意的协奏曲”为题，写一篇读后随笔，表达你对《昆虫记》和法布尔的看法。

设计意图：此任务培养学生对全书的整体感知和鉴赏能力。在前面完成的局部任务的基础上，学会用总览的思维回顾整本书，鼓励学生说出自己的心得体会。而在读后随笔的写作中，也能训练学生对整本书篇章结构的梳理总结能力。

学生作品：

生命与诗意的协奏曲

——写在阅读《昆虫记》后

陈 翠

有这样一本书，它不仅是一部研究昆虫的科学巨著，同时，也是一部公认的文学经典。

它是《昆虫记》，法布尔所著。

19世纪所有昆虫研究家在撰写干巴巴、毫无生机的科普书籍、研究报告的时候，法布尔则一反其道——“你们探索死亡，而我探索生命”。将对生命的尊敬、对自然的赞美凝于《昆虫记》一书。正如罗丹所言：“这个大科学家像哲学家一样的思，像美术家一样的观，像文学家一样的写。”

他如美术家一般看。他不单看螳螂那一对漂亮的弯钩和翅膀，或者雌性布甲那穿着鲜艳的金色衣裳。他用他那双善于发现美的眼睛，欣赏切叶蜂抽象的巢穴、大孔雀蝶诡异的外衣，甚至观察到蝉蜕壳时那套完美无瑕的体操。透过字里行间，我仿佛看见一位大科学家正灰头土脸地趴在地上、树上，藏在草叶间，专心致志、聚精会神地沉浸于昆虫世界。

他如文学家一般写。他将冷冰冰的科学换成生动真实的文字呈现在读者眼前：有时语带俏皮，充满对昆虫的热爱与调侃；有时语露机锋，俯视昆虫世界、折射人类生活。《昆虫记》如一尊雕塑，被法布尔细细雕刻、塑造，初看被其文字魅力所吸引，细看则被诙谐幽默的语言、充满感性的手法及适时穿插的故事所惊艳，读来舒适可感。

他如哲学家一般思。他以人性观照虫性，以虫性反观社会。他饶有兴味地评论“米诺多蒂菲”绝对忠诚的夫妻关系、朗格多克蝎对孩子关爱有加的母性、大孔雀蝶穿越万水千山寻找意中人的唯美爱情。他将人类社会的伦理道德搬到昆虫世界当中去，让我们见到这个小巧世界的悲喜剧，感受短暂生命中深刻的情感。透过《昆虫记》去看法布尔，你会看到这个满脑袋浪漫、感性的大科学家非同一般的精神世界。

“天鹅飞翔于银河之间，下面围绕着我的，有昆虫的音乐，时起时息。”这位大科学家在僵硬不化之中保持着他的灵魂与生气，并将这份宝贵的财富毫不吝啬地分享给世界，展现于《昆虫记》当中，也难怪伟大的文学家周树人先生评之为“一部很有趣，也很有益的书”。

生命与诗意的协奏曲

——写在阅读《昆虫记》后

黄泳岚

这是一本详细介绍昆虫的形态、习性、劳动、婚恋、繁衍和死亡，科普昆虫知识的名著，名为《昆虫记》。如果让我来说一说总体观感的话，应该是科学地研究生命、诗意地叙写生命吧。

从科学家的角度来说，科学严谨、反映事实，是对生命最大的尊重。法布尔曾捕捉了多只大孔雀蝶，对它传递信息的方式进行实验。他沿袭科学家一贯的严谨性，多次实验求证——接连几天，他捉了二十多只大孔雀蝶，通过剪触角、遮光源、封味道等多种方法求证，又连续几夜对赶回来的大孔雀蝶进行捕捉与记录……长期对比实验后，他谨慎地归结普遍规律：大孔雀蝶的信息传递与气味有关。

每一种昆虫的习性研究，都伴随着法布尔敏锐细致、锲而不舍的科学求证，这是一个科学家对生命的尊重。

在文学家法布尔的眼中，五彩缤纷的昆虫在他的笔下，变得亲切、可爱，似乎也给这微观世界增添了几笔色彩：切叶蜂有着一个颜色各异的花粉刷，或黑，或白，或火红，喜欢在蓟类植物丛或灌木丛中的灌木叶子上裁下一些椭圆的小叶片，用来收集花粉；“小鬼”恩布沙则多呈灰色，待发育后，就会穿上灰绿、白、粉红的条纹衣，会戴上奇形怪状的尖帽子。

他那富有情趣的笔调又增添了昆虫的几分活泼可爱。杨柳天牛可以是吝啬鬼，小麻雀可以像婴儿般哭闹，老象虫可以成为雕刻家。似乎每种昆虫都可以有人的职业，有人的性格，甚至具备卓越的品质。

蝉经历四年苦工，只有一个月的享乐，法布尔说蝉鸣或许并不是某种信息的传递，但它定然是欢愉的抒发。这种对蝉的尊敬与喜爱不正是对其坚毅忍耐品格的赞颂吗?

而谈起象态橡栗象来，法布尔曾纳闷过：雌性象态橡栗象为何要花上半个多小时在橡栗上钻孔，有时并不会留下什么，转头继续钻下一颗橡栗，而有时，又在中途造成“工伤”，甚至意外去世。

他通过连续的多次观察，发现这些雌性象态橡栗象愿意付出如此沉重的代价去痴迷地完成一件事，全然是为了使它的孩子能有一个初始的营养充足的小窝。在世人眼中，橡栗象是一种危害橡栗的害虫，而法布尔却反驳说，雌性橡栗象是一个优秀的教育家，它有自己的好主意，同时，它充斥着母爱，一种母性的伟大责任感，它是一种我们值得敬重的昆虫。

正是因为有法布尔这样伟大的昆虫研究者，我们的眼中才有一个不一样的昆虫世界，充满生命奥秘与生命诗意的世界。

生命与诗意的协奏曲

——写在阅读《昆虫记》后

麦凯妍

以人性观照虫性，以虫性反观社会人生。

——题记

法布尔笔下的昆虫有名字，有故事，有智慧。原始简陋的昆虫在书中充满趣味，也充满哲思。

在书中，我看到了一个个精彩的昆虫故事。“园丁”金步甲是有奇异婚俗的，雄雌金步甲成亲后，雌性金步甲竟把她的丈夫咬死，把内脏吃个精光；《隧蜂》一文中的小飞蝇悉心窥探，私闯民宅，偷抢隧蜂的劳动成果，目的似乎是为了品尝一下食物，了解一下食物的质量如何；“清洁工”圣甲虫运用自己的智慧制成梨形粪球保存食物，同时作为母亲的它们又用梨形粪球来保护自己的虫卵，免得虫卵有任何伤害性的接触……

故事里，这些不起眼的小昆虫被当作人来看待，它们像人一样，有着自己丰富的生活和各异的性情。我随着法布尔的笔触，喜爱它们，尊重它们，然后明白，这是对生命的敬畏、对自然的敬畏。

所以，我产生了对科学研究的思考。《意大利蟋蟀》一文说：“唱出了自己欢乐心声的这些小小生命，使我忘记了群星璀璨，天空中的那些眼睛平静冷漠地眨巴着，在看着我们，可我们却一无所知。”“这些宇宙观可谓宏大无比，却是一种观念，并没有确凿的根据。”人类终其一生去研究科学，却对那些宏大无比的宇宙观没有沉思，他们对生命的秘密依然是迷茫的，后文又说到“确凿的事实才是至高无上的，是看得见，摸得着的”。法布尔警醒科学家们不要一直停留和局限在猜测，要用实践去探索真理。“生命是绝不会从这种化学垃圾中迸发出来的。”

它们也引发了读者对生死循环的思考。在《螳螂捕食》一文中，作者先写了螳螂捕食，接着又写了螳螂繁殖的过程。作者看到蟑螂繁殖时便引发了思考：“孵化的幼虫以螳螂卵为食，直到把整个卵囊都吃空。螳螂在一个卵囊里产几百个卵，并不多，也许还有点少。为什么雌螳螂不产更少的卵，让繁衍后代变得更容易些呢？”下文便给出了答案，“螳螂那些密密麻麻的小卵，只有很少一部分用来繁衍后代，其他都将进入大自然的食物链，为了开始而结束，为了新生而死亡”。这大概就是前文所提到的“生命的秘密”的答案了吧。一个人在出生前就已经经过了种种困难与磨难，才有了今天健全的我们。生命本就是新陈代谢，人们怀着憧憬来到这个世界上，也带着不舍离去，在生命大循环的宇宙中，我们是多么渺小。

在《昆虫记》中，我们不仅能看到法布尔科学家的细致严谨，也看到他文学家的语言生动，更看到他哲学家的细腻情思。这一切的圆心，都是对自然的敬畏和生命的思考。生命与诗意的协奏曲大概就像《昆虫记》一样，既有柔软和绵延，又有激昂和铿锵吧。

八年级

下册

品读经典，雕琢文心

——《经典常谈》整本书阅读学习任务群

佛山市顺德区北滘镇莘村中学　黄　娟

一、整本书分析

《经典常谈》是统编教材八年级下册的名著导读篇目，是一部介绍我国传统文化经典的著作，教材将这本书的阅读方法定位为“选择性阅读”。

（一）作者简介

朱自清（1898—1948），原名自华，号秋实，后改名自清，字佩弦。1898年11月22日出生于江苏省东海县，后移居江苏扬州。1920年毕业于北京大学，后来到清华大学任教。他是我国现代著名散文家、诗人、学者、民主战士。

朱自清是中国现代散文领域里成就很高的作家，散文风格素朴缜密，清隽沉郁，以语言洗练、文笔秀丽著称，代表作有《荷塘月色》《背影》《春》《匆匆》等。

朱自清还是现代中国一位出色的语文教育家。朱自清于1920年从北京大学哲学系毕业后，先后在杭州第一师范、江苏省第八中学（今扬州中学）、台州六师等校任教，后又任清华大学中国文学系教授、系主任，昆明西南联合大学中文系教授。丰富的教学经验，也让朱自清在语文教育方面形成了自己的思想体系。除了与叶圣陶合著的《国文教学》《精读指导举隅》《略读指导举隅》，还有个人写的《标准与尺度》和《语文拾零》（论文集）等教育论著，他还把语文教育的远大目标确定在了解本国固有的灿烂文化，加强民族意识并以此提高学生欣赏文学的水平上。这种观念就促使他完成了《经典常谈》的创作。

（二）作品介绍

《经典常谈》写于1942年，1942年8月首次出版，实际见书时间1943年5月，1946年又由文光书店刊行。全书共13篇，介绍了《说文解字》《周易》《史记》等经典著作，并概述了诸子、辞赋和历代诗文的情况，以此展示我国古代思想文化的基本面貌，是传统文化经典入门必读书，更是普及传统文化的典范之作。

《经典常谈》正文计有“《说文解字》第一”“《周易》第二”“《尚书》第三”“《诗经》第四”“三《礼》第五”“《春秋》三传第六”“‘四书’第七”“《战国策》第八”“《史记》《汉书》第九”“诸子第十”“辞赋第十一”“诗第十二”与“文第十三”十三篇，平均每篇数千言。

朱自清先生的初衷，希望这本书成为一艘把读者载入经典的航船。书中自序说：“各篇的排列按照传统的经史子集的顺序，并按照传统将‘小学’书放在最前头。”所以这样一个比较循序渐进的次序也让读者能更好地理解该书的宗旨。全书不夸奇炫博，不故作高深，读起来明快利落，不蔓不枝。朱自清先生以通俗的语言展示了我国古代思想文化的基本面貌，以严谨的治学态度实事求是地审视了中国传统文化的精神。

（三）作品价值

首先，在风格上，这是一部用散文手法谈学术的佳作。朱自清是散文大家，其平易亲切、委婉抒情的优美风格，在现代散文史上别树一帜。《经典常谈》的散文手法，除了平易亲切的叙述笔调，生动活泼的“儿化词”的运用，等等，特别在意每一篇开头的经营，让每一篇都有一个引人入胜的“凤头”：或从传说入手，或从风俗入手，或从时代背景说起，或从人物故事说起。全书十三篇，每一篇的开头各不相同。这种由事入理的写法，极大地增强了学术文章的文学性和可读性。

其次，在内容上，本书具有点面结合、点线结合的特色。全书十三篇，从“小学”开篇，然后依次介绍传统的经、史、子、集。十三篇可分两大部分：前九篇谈“小学”和经史，以经典为主，力求点面结合；后四篇论子部和集部，以文体为中心，又做到点线结合。因此，《经典常谈》虽说不是“国学概论”，但只要细读全书，在深入经典文本的同时，又可以获得系统的国学常识。

最后，在表述上，全书导入生动，层次清晰，逻辑严密，是一部“一线教师”切实可用的“经典导读”的参考教案。全书的每一篇，一段一层意思，层层有序推进，首尾呼应，浑然一体。在我看来，有意愿开设“经典导读”课程的语文教师，只要细读全书，然后按照每一篇的主题，分出逻辑层次，拟出恰当标题，就能适用于课堂讲授。

二、教学目标

（一）教学目标

（1）通过高效阅读，整体梳理全书框架，感知《经典常谈》主要内容。

（2）以《经典常谈》为舟，了解古代经典的基本知识，激发学生经典阅读的兴趣。

（3）学习并运用选择性阅读的方法进行有兴趣、有目的、有方法、有专题的阅读。

（4）学习朱自清先生以通俗的语言展示古代思想文化面貌，以严谨的治学态度审视中国传统文化的学术精神。

（二）阅读方法：选择性阅读

（1）选择性阅读的目的：需要学习论文中的哪一部分，来解决自己的问题，就去仔细阅读这一部分。可能是某个实验操作、某个检测方法、某个数据处理手段。甚至是作图的技巧、讨论机理的切入点、某一句话的写法，都可以。只要自己有需要，就相应地去学习。泛读也好、精读也罢，都是针对全文的，而选择性阅读不是，目的性非常强地找一段、一句话、一个方程、一张图去研究。

（2）选择性阅读的要求：选择性阅读特别强调目标明确，根据目标去强化阅读，并且学以致用，解决问题。

三、学情分析

经过初中阶段前三个学期的积累，八年级下学期的学生在整本书名著阅读上有了一定的基础和能力，读书方法也在不断丰富和完善，这对于《经典常谈》的阅读开展有了很大帮助。但这本书是最新纳入初中语文教材体系的，大部分学生表示对这本书不太了解甚至知之甚少，加上《经典常谈》的内容是介绍古代典籍，学生相关的阅读储备不足，阅读这本书更是需要相对深厚的文化底蕴，学生是否有兴趣阅读，并能否顺利读完这本书，需要安排活动任务群引导学生，同时也要提前做好各种预设。

可以通过调查问卷的方式，进一步了解学生对《经典常谈》的接受情况，和后期阅读过程中出现的问题，例如阅读时间不足的问题，“不了解书的历史和价值，存在隔阂，读不懂”的问题，“缺乏有效的阅读指导，不知道如何阅读”的问题，“不会选择阅读书目，缺乏阅读兴趣”的问题，及时地跟进并帮助学生化解，才能真正让学生登上经典的航船。

四、阅读规划

表1

阅读阶段	阅读时间	阅读章节	阅读重点	活动任务
第一阶段 分步骤 阅读活动	第1周	第1—2章	《说文解字》《周易》	思维导读 按需点读 批注阅读
	第2周	第3—4章	《诗经》《礼》	
	第3周	第5—7章	《春秋》四书	
	第4周	第8—10章	历史典籍诸子	
	第5周	第11—13章	辞赋、诗、文	
第二阶段 整本书研读 及阅读展示	第6—12周	整本书内容回顾、阅读成果展示	经典阅读沙龙，为经典代言	回顾经典，同学赛读

五、学习任务群设计

（一）任务群导航

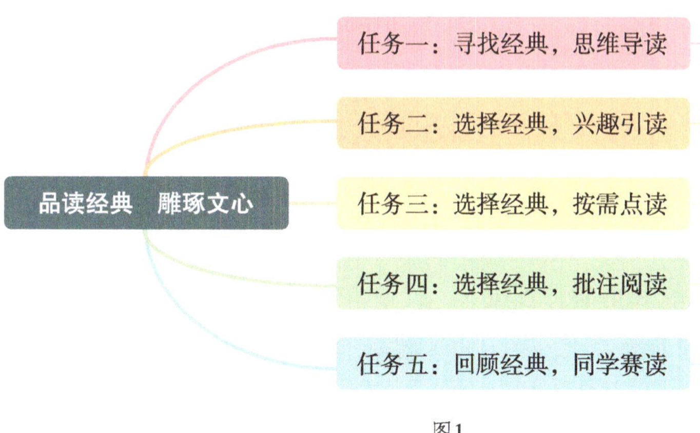

图1

（二）学习任务群设计

任务一：寻找经典，思维导读

浏览本书的序言和目录，初步了解全书结构和内容。通过查看目录，先从内容上对文化典籍进行分类，再按照章节，绘制每一章节的思维导图。

任务提示：序言中大都会简要介绍本书内容和阅读方法，获取阅读本书的“钥匙”，推开阅读经典的大门。本书序言以朴实严谨的语言，介绍了《说文解字》《周易》等经典著作，概述了诸子、辞赋、史书和历代诗文的情况，以此展示我国古代思想文化的基本面貌。

表2

章节	主要内容
第一部分	经书：《周易》《尚书》《诗经》，三《礼》，《春秋》三传，《大学》《中庸》《论语》《孟子》，即通常所说的“四书五经”
第二部分	史书：《战国策》《史记》《汉书》
第三部分	诸子：《荀子》《墨子》《老子》《庄子》《韩非子》《吕氏春秋》《淮南子》

续 表

章节	主要内容
第四部分	辞赋：《楚辞》（主要有《离骚》《九章》《九歌》《天问》《远游》《招魂》）和汉赋
第五部分	诗：主要有《乐府诗集》《古诗十九首》，三曹诗，阮籍、陶渊明、谢灵运、鲍照、沈佺期、宋之问、陈子昂、李白、杜甫、元稹、白居易、李商隐、杜牧、苏轼、黄庭坚、杨万里、范成大、陆游诸家诗作
第六部分	文：先秦和汉代的《庄子》《韩非子》《吕氏春秋》《左传》《史记》和《汉书》，南朝梁昭明太子编的《文选》，韩愈、柳宗元、欧阳修、苏轼的文章，唐宋的佛典、语录、传奇和话本，明清的章回小说

学生作品：

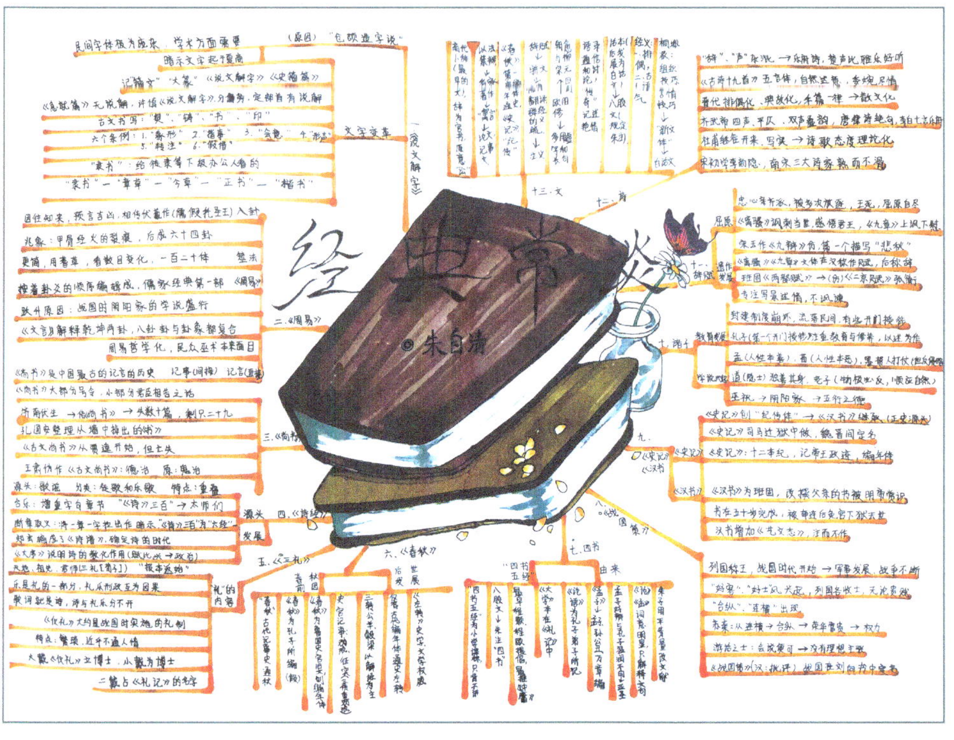

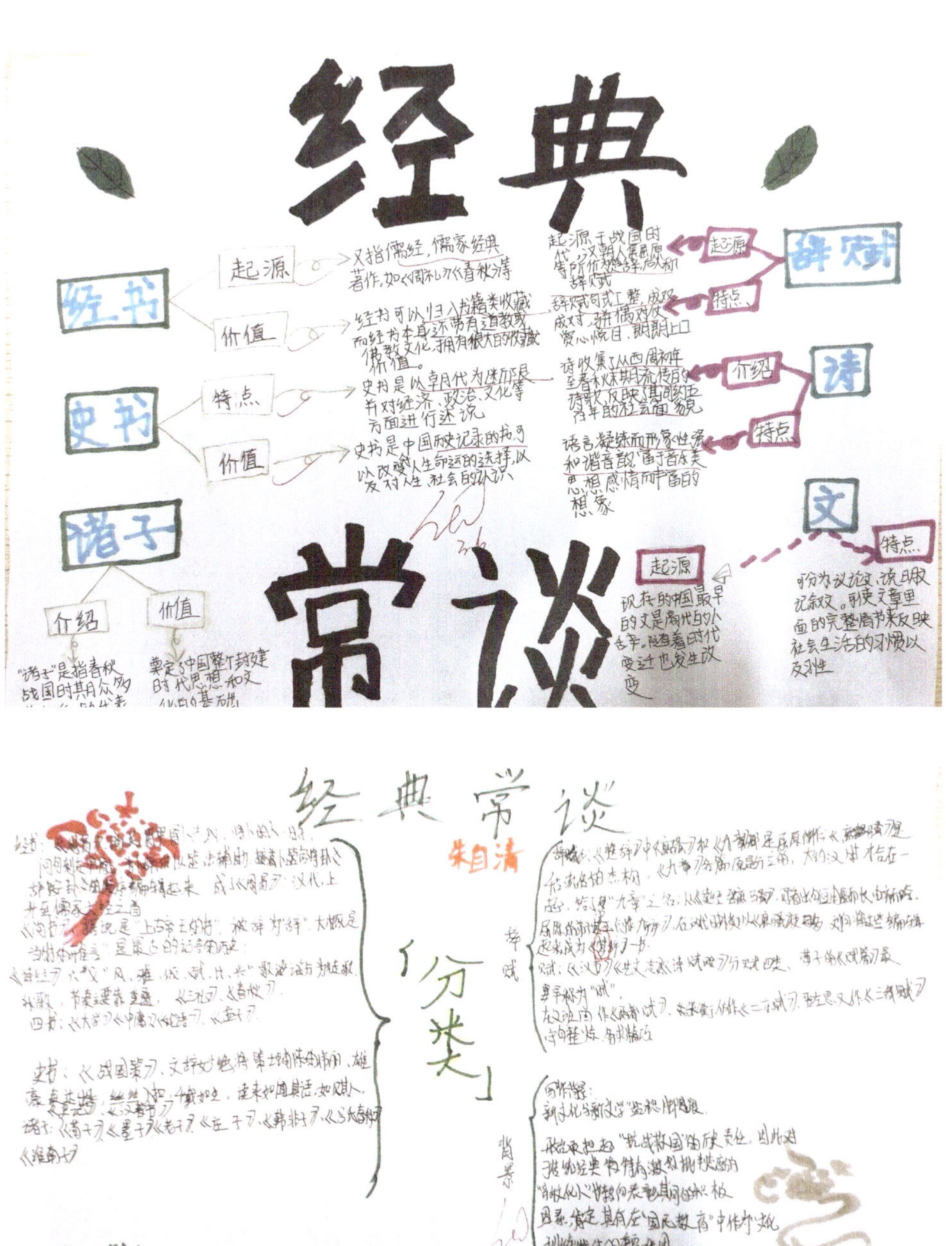
经典常谈
经书
起源
价值
史书
特点
价值
诸子
介绍
价值
辞赋
起源
特点
诗
介绍
特点
文
起源
特点
经典常谈
朱自清
「分类」
辞赋
背景
作品简介：

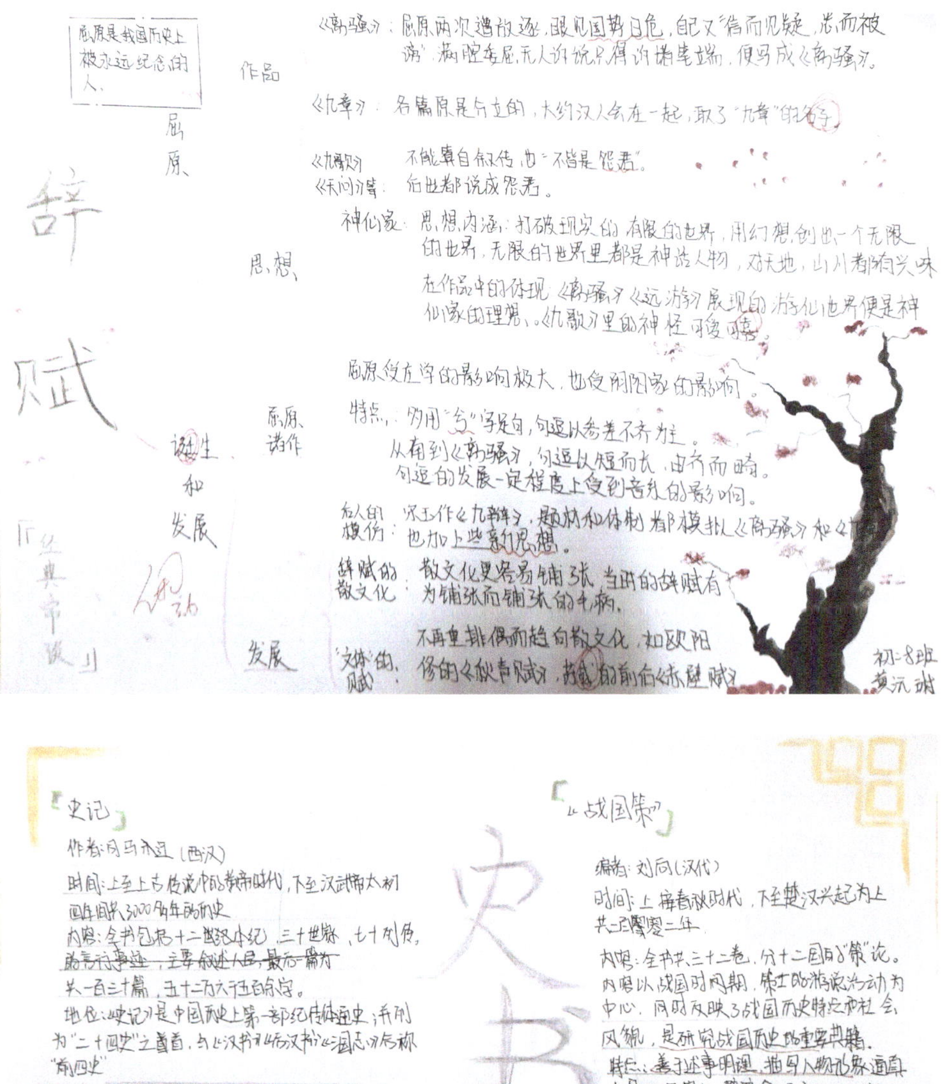

屈原是我国历史上被永远纪念的人。
屈原、
辞赋
作品
《九章》：各篇原是分立的，大约汉人合在一起，取了"九章"的名字。
《九歌》
《天问》等
后世都说成怨君。
思想、
诞生和发展
发展
「经典常谈」
初二8班
史记
作者：司马迁（西汉）
共一百三十篇，五十二万六千五百余字。
汉书
作者：班固（汉代）
《战国策》
编者：刘向（汉代）
史书

图2

任务二：选择经典，兴趣引读

根据绘制的思维导图，从全书13篇内容中，选取自己感兴趣的章节重点阅读，在阅读某个章节的过程中，关注新的兴趣点、切入点，再找其他相关章节深入读下去。以此类推，通过读一章，带动另一章，逐步扩大阅读范围，有滋有味地读经典。

结合大家关注的兴趣点，分为四个探究小组，以小组为单位进行探究交流，并展示成果。

表3

组别	兴趣引读，探究经典
姓氏组	先从“说文解字”读起，探究各姓氏的起源
诗词组	从“诗经”开始读起，了解诗歌艺术的源流
经书组	专攻《周易》《尚书》，梳理经书发展脉络
历史组	从《史记》《汉书》读起，穿越时代与先贤对话

设计意图：该环节通过选取感兴趣的点，引领学生有滋有味地阅读经典，并以小组交流、展示成果的形式呈现，既调动了学生的阅读兴趣，又能以小的切入点引导学生梳理内容，贯彻选择性阅读的读书方法。

学生作品：

说文解字

在原始蒙昧时代，各部落、民族都有各自的图腾崇拜物，比如说麦穗、熊、蛇等都曾经是我们祖先的图腾，这种图腾崇拜物成了本部落的标志。
——“姓”的由来

从《春秋》整理出的古姓“中近半数带女字旁，所以，人们推测，姓的产生可能在母系氏族社会。

①北宋以后的封建社会，《百家姓》共收入502个姓氏。
②宋代郑樵《通志·姓氏略》中统计古代姓氏共有1745个。
③明代翰林院编修吴沈等人据当时户部所藏户籍编成《皇明千家姓》，收姓氏1968个。
④清人张澍《姓氏寻源》、《姓氏辩误》中说古姓氏有5129个。
⑤中华人民共和国成立后，大陆学者阎福卿曾编辑出版过《中国姓氏汇编》共收姓氏5730个，其中单姓3470个，双字姓2085个，三字姓163个，四字五字姓12个。台湾省也出版过《中华姓符》共收姓氏6363个，但里面有异体字重复收入情况。
⑥据中国语言文字改革工作委员会汉字处1984年抽样调查及有关专家的估计，直到今天还有在使用的姓氏在3000个以上。

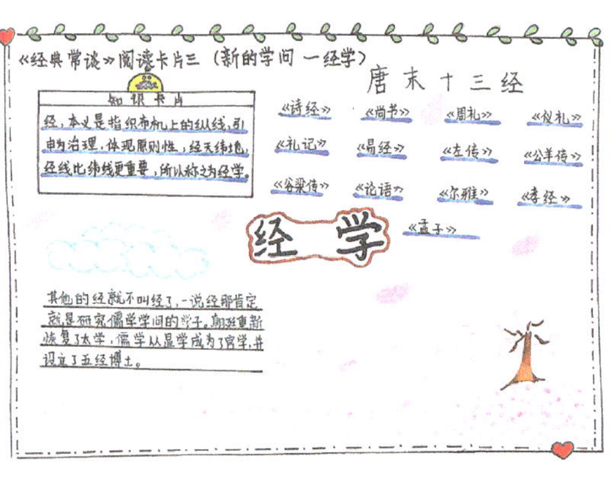

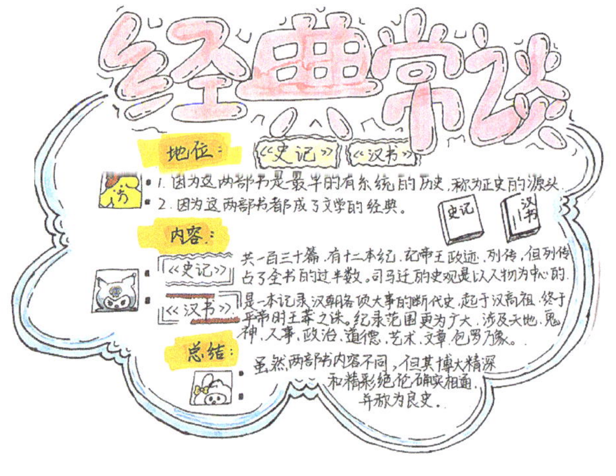

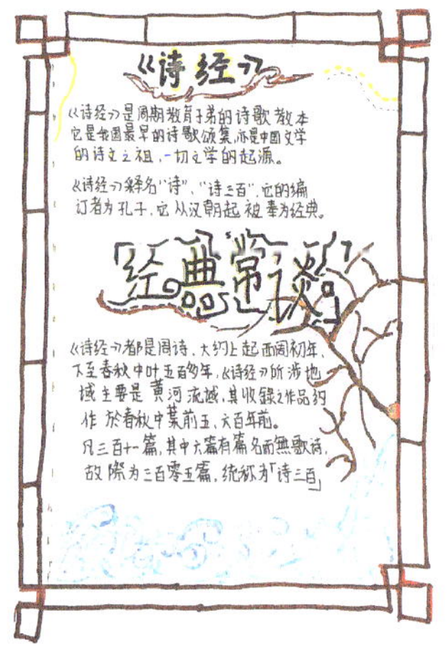

图3

任务三：选择经典，按需点读

结合大家平时的学习、生活需要，选准探究点，直奔主题，点选阅读经典内容。大家集思广益，列出了不同的探究角度，选择一个角度，研读经典。

角度一：小文同学观看节目《中国诗词大会》后，想要对杜甫的诗歌有更深入的了解，读《诗第十二》，积累杜甫诗词，评析杜甫诗歌艺术色彩。

角度二：小武同学学完课文《〈庄子〉二则》，想要深入研究庄子论辩艺术，读《文第十三》，通过课内外衔接来深入探究古典文学。

角度三：小周同学对太极八卦有疑问，阅读《〈周易〉第二》，了解相关典籍的内容，去探寻精深哲学问题的答案。

设计意图：作为任务驱动性阅读环节，需要围绕经典内容对重点、难点进行突破，充分考虑同学们的实际需求，围绕不同的专题角度，在任务的驱动下，让学生进行深度阅读，梳理、归纳、分析、评价，培养学生的高阶思维能力。

学生作品：

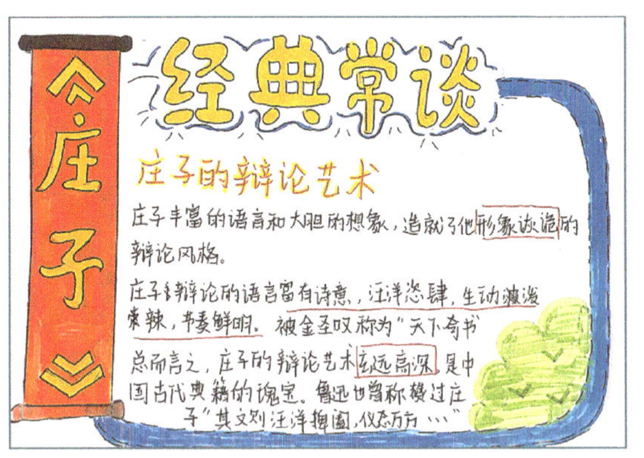

图4

任务四：选择经典，批注阅读

根据自己的阅读圈画，随读随想随记，简单有效。批注可从不同角度入手，如：

概括式：概括内容、中心思想，划分文章结构；

赏析式：从用词、人物描写、表达方式、修辞手法、表现手法等方面进行赏析；

评价式：对文中人物、情节等进行评价、联想、质疑等。

（1）原文批注

名著原文	批注内容
①诗的源头是歌谣。上古时候，没有文字，只有唱的歌谣，没有写的诗。一个人高兴的时候或悲哀的时候，常愿意将自己的心情诉说出来，给别人或自己听。日常的言语不够劲儿，便用歌唱，一唱三叹得叫别人回肠荡气。②唱叹再不够的话，便手也舞起来了，脚也蹈起来了，反正要将劲儿使到了家。碰到节日，大家聚在一起酬神作乐，唱歌的机会更多。或一唱众和，或彼此竞胜。③传说葛天氏的乐八章三个人唱，拿着牛尾，踏着脚，似乎就是描写这种光景的	①开篇点题，总领下文，为下文做铺垫。描述了诗歌的历史渊源，表现了诗歌发展历史源远流长（句子作用）。 ②语言生动形象，风趣幽默，能带动读者的想象力，感染力强（语言特色）。 ③描写了传说中人们表达情绪志向的一系列行为，可见前文作者的想象并非空穴来风，体现出朱自清严谨的治学态度（人物形象）

学生作品：

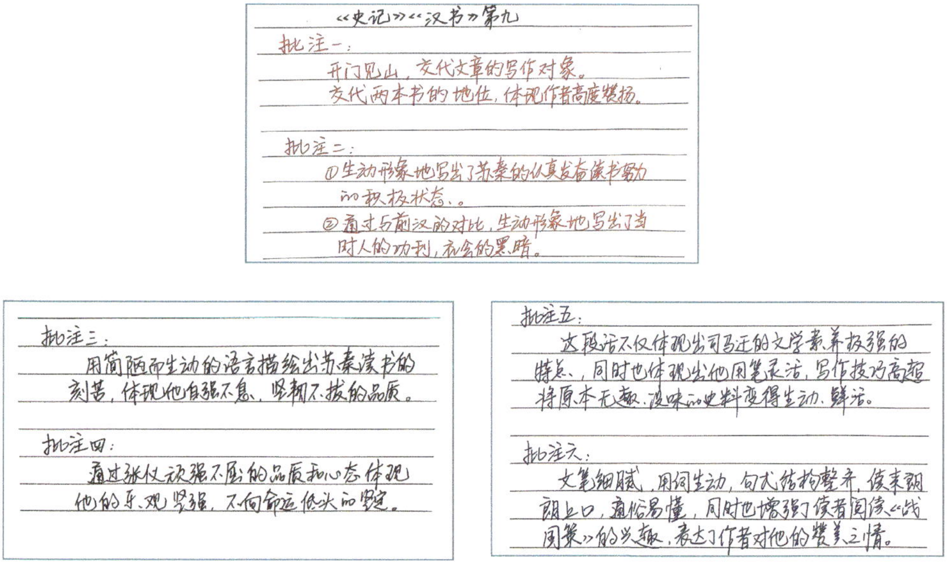

《史记》《汉书》第九

批注一：

开门见山，交代文章的写作对象。

交代两本书的地位，体现作者高度赞扬。

批注二：

①生动形象地写出了苏秦的认真发奋读书努力的积极状态。

②通过与前汉的对比，生动形象地写出了当时人的功利，社会的黑暗。

批注三：

用简陋而生动的语言描绘出苏秦读书的刻苦，体现他自强不息、坚韧不拔的品质。

批注四：

通过张仪顽强不屈的品质和心态体现他的乐观坚强，不向命运低头的坚定。

批注五：

这段话不仅体现出司马迁的文学素养极强的特点，同时也体现出他用笔灵活，写作技巧高超，将原本无趣、乏味的史料变得生动、鲜活。

批注六：

文笔细腻，用词生动，句式结构整齐，读来朗朗上口，通俗易懂，同时也增强了读者阅读《战国策》的兴趣，表达了作者对他的赞美之情。

图5

（2）卡片批注

表4

《经典常读》选择式阅读卡片一	
阅读篇目	《说文解字》第一
选择关注的类别	诗文（ ）历史（ ）汉字（√）经书（ ）
选择批注的方式	赏析式批注（ ）评价式批注（ ） 质疑式批注（ ）概括式批注（√）
批注的内容	选段讲的是关于仓颉造字的故事。开篇，作者综合了散见于一些古书（《荀子》《吕氏春秋》及《世本》等）的零星传说，主要根据《淮南子·本经训》的记载和高诱的注，有选择性地把古史记载化解为了流畅的白话文字。其后，又以这个故事出现的时间、《易·系辞》的说法，对其真实性、合理性提出质疑。紧接着，解释了“仓颉造字说”之所以出现的原因，介绍了“仓颉”这个人可能的来历。由此，我们可以了解对于汉字起源于仓颉造字一说，作者是持怀疑态度的

表5

《经典常读》选择式阅读卡片二	
阅读篇目	《史记》《汉书》第九
选择关注的类别	诗文（ ）历史（√）汉字（ ）经书（ ）
选择批注的方式	赏析式批注（ ）评价式批注（√） 质疑式批注（ ）概括式批注（ ）
批注的内容	朱自清先生仅用了340余字，就简明清晰地指出《史记》《汉书》“是最早的有系统的历史”这一论点，足见其高明之处。可见，深入浅出的写作理想只有和驾轻就熟的学识底蕴相结合，才有可能创作出超凡脱俗的“学术美文”

设计意图：通过原文批注和卡片式批注两种方式，再次巩固学生批注式阅读方法，并以此为切入点，引导学生关注经典文本，结合每一章节的具体内容进一步思考，从而培养学生的思辨能力和深度阅读能力。

学生作品：

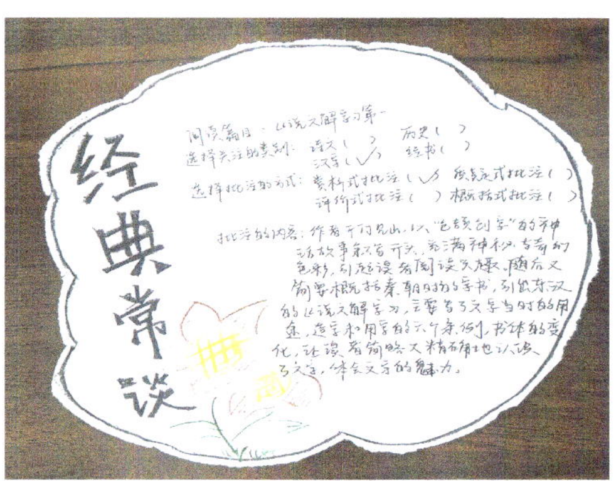
经典常谈

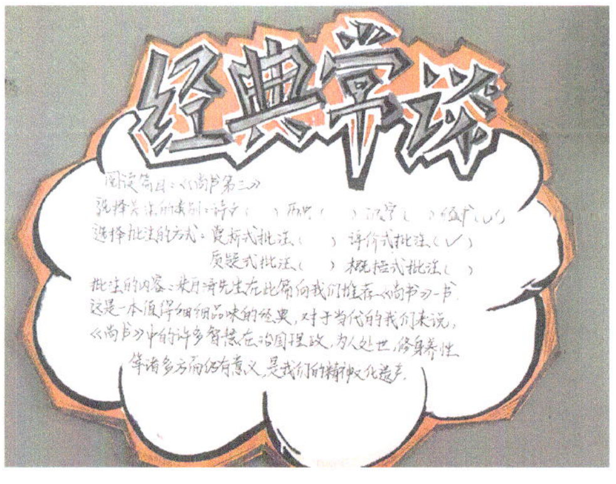
经典常谈

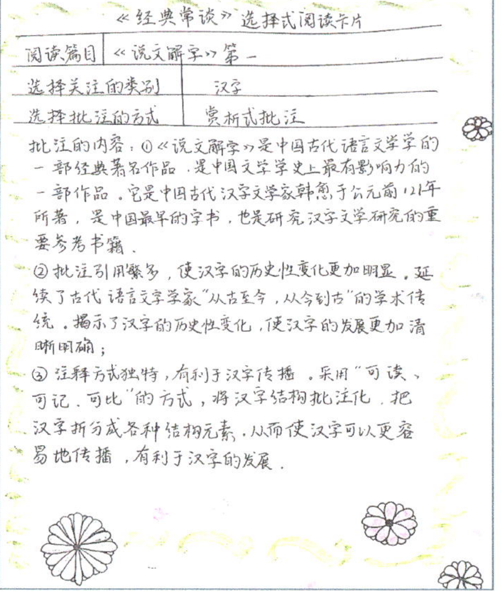
《经典常谈》选择式阅读卡片
阅读篇目 《说文解字》第一
选择关注的类别 汉字
选择批注的方式 赏析式批注
批注的内容：①《说文解字》是中国古代语言文学学的一部经典著名作品，是中国文学学史上最有影响力的一部作品。它是中国古代汉字文学家韩愈于公元前121年所著，是中国最早的字书，也是研究汉字文学研究的重要参考书籍。
②批注引用繁多，使汉字的历史性变化更加明显，延续了古代语言文字学家"从古至今，从今到古"的学术传统，揭示了汉字的历史性变化，使汉字的发展更加清晰明确；
③注释方式独特，有利于汉字传播，采用"可读、可记、可比"的方式，将汉字结构批注化，把汉字拆分成各种结构元素，从而使汉字可以更容易地传播，有利于汉字的发展。

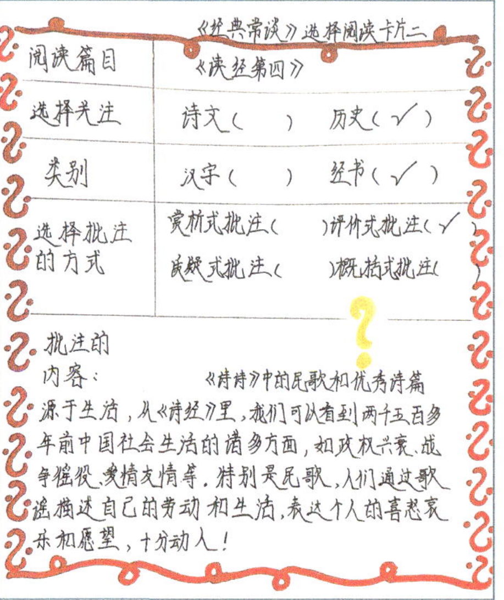
《经典常谈》选择阅读卡片二
阅读篇目 《诗经第四》
选择关注类别 诗文（ ） 历史（✓） 汉字（ ） 经书（✓）
选择批注的方式 赏析式批注（ ） 评价式批注（✓） 质疑式批注（ ） 概括式批注（ ）
批注的内容：《诗经》中的民歌和优秀诗篇源于生活，从《诗经》里，我们可以看到两千五百多年前中国社会生活的诸多方面，如政权兴衰、战争徭役、爱情友情等。特别是民歌，人们通过歌谣描述自己的劳动和生活，表达个人的喜怒哀乐和愿望，十分动人！

图6

任务五：回顾经典，同学“赛”读

通过以说促读、以写促读，来鼓励更多同学深入阅读经典名著。班级举行“经典赛读”活动，有以下环节，邀请同学们来参加：

（1）举行“经典阅读沙龙活动”，请大家分别上台，说一说你阅读最多、感受最深的经典名著，从而相互交流、共同进步。

（2）“我为经典代言”，不拘形式，主动向朋友、向家人介绍你眼中的某一部或几部经典，在“说”中加深对经典的理解，提升阅读的兴趣和成就感。

设计意图：不同的阅读积淀，造就了不同的阅读体验，通过“经典赛读”的活动形式，再现场景，活化经典，既加深了学生对经典内容的理解，又能以活动的形式推动学生对名著的深度阅读。以说促读、以写促读，既可以检测学生的阅读效果，还能驱动学生的反复阅读。

学生作品：

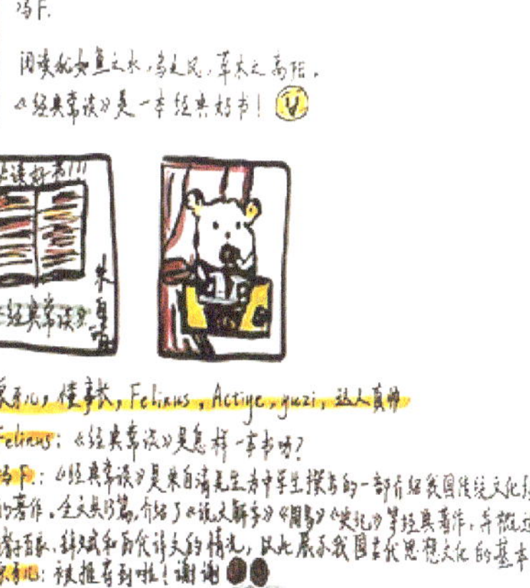

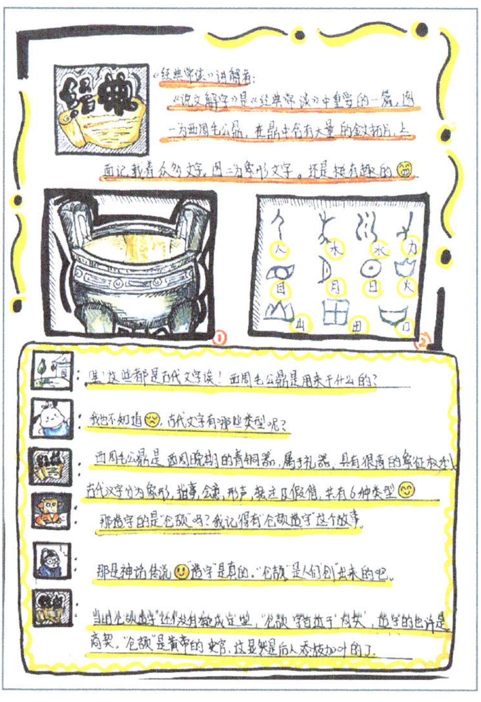

图7

信仰葆力量，磨难铸非凡

——《钢铁是怎样炼成的》整本书阅读学习任务群

佛山市顺德区龙江外国语学校　张利珊

一、教材分析

《钢铁是怎样炼成的》是统编教材八年级下册的名著导读篇目，是苏联作家尼古拉·奥斯特洛夫斯基所著的一部长篇小说。作为世界文学中的经典之作，这本书是初中生接触外国小说的重要书目。统编教材围绕此名著导读推荐的读书方法是“摘抄和做笔记”。

（一）作者简介

奥斯特洛夫斯基（1904—1936），苏联著名无产阶级革命家、作家，布尔什维克战士。他出生在一个贫困的工人家庭，11岁便开始当童工，1919年加入共青团，随即参加国内战争和建设事业。1924年加入共产党。由于他长期参加艰苦斗争，健康受到严重损害。1927年双目失明，全身瘫痪。但他毫不屈服，以惊人的毅力同病魔做斗争，并坚持文学创作。1933年，以他的革命经历为素材的长篇小说《钢铁是怎样炼成的》问世，在社会上产生了极大影响，激励了无数革命青年的成长。之后奥斯特洛夫斯基开始创作另一部长篇小说《暴风雨所诞生的》，但只写了第一章便被病魔夺去了生命，年仅32岁。

（二）内容梗概

主人公保尔出生于贫困的铁路工人家庭，早年丧父。12岁时，母亲把他送到车站食堂当杂役。“十月革命”爆发，老布尔什维克朱赫来在镇上做地下工作。朱赫来给保尔讲了关于革命、工人阶级和阶级斗争的许多道理。有一次，保尔偶然跳进冬妮娅的花园，之后和冬妮娅产生了爱情。保尔在一次激战中受了重伤，但他用顽强的毅力战胜了死神。出院后，他投身于恢复和建设国家的工作中。冬妮娅和保尔思想差距越来越大，因此分道扬镳。在筑路工程快要结束时，保尔得了伤寒。1927年，他几乎完全瘫痪，接着双目失明。保尔曾一度产生自杀的念头，但最终说服自己放弃了这个念头，并给自己提出了两项任务：一方面决心帮助自己的妻子达雅进步；另一方面决定开始文学创作工作。这样，保尔又拿起了新的武器，开始了新的生活。

（三）文本价值分析

1. 语文能力提升方面

（1）现实与虚构相结合，兼具强烈的自传性和文学性。这是一部自传性的小说，小说中的许多故事都来自作者的亲身经历，因此读来更加真实可信、亲切感人。小说的全部描写都围绕着主人公的成长来展开，从不同的角度来表现他的优秀品质，把保尔这一钢铁战士的形象塑造得丰满生动、光彩照人。与此同时，作者又不拘泥于生活事实，从许多优秀的共青团员的生活中汲取素材，对人物和情节做了大量典型化处理，增强了主人公形象的概括性和普遍意义。小说将现实与虚构巧妙结合，对自传体小说的革新做出了重要的贡献。

（2）小说写人物以叙事和描写为主，巧妙地穿插内心独白、格言警句、书信和日记等，使人物形象更丰满。小说借助团委书记丽达的日记描写保尔的英雄行为，借助医生的日记记述保尔在疗伤过程中的过人毅力，用保尔自己的书信来交代他的生活变化。此外，小说中还穿插了大量的内心独白，这些内心独白为读者打开了通向主人公心灵深处的大门，挖掘了保尔美丽而且丰富的精神世界。

（3）小说中的景物描写、心理描写、环境描写也都相当出色，语言简洁优美，富有表现力。连绵的秋雨渲染了筑路时天气的恶劣、条件的艰苦，烘托出保尔等革命者坚强的意志和顽强奋斗的高贵品质。在写保尔走向烈士公墓思考生命的意义时，小说展开了出色而含蓄的景物描写，通过双重的环境描写，渲染了两种不同的气氛，一种是肃杀的，另一种是充满生机的，既表现了对烈士的沉痛悼念和崇高敬意，又暗示了烈士用自己的生命迎来了苏维埃的新春，从而显示了烈士生命的意义，这就自然地激发了保尔关于人生的深沉思考。

2. 精神成长方面

作为一部闪烁着崇高的理想主义光芒的长篇小说，《钢铁是怎样炼成的》最大的成功之处是塑造了保尔这一无产阶级英雄形象。小说通过写保尔从普通的工人子弟成长为无产阶级英雄的故事，展现了青年人在血与火的洗礼中大无畏的革命英雄主义和乐观精神，以及在和平建设时期的无私奉献精神和忘我的工作热情，形象地告诉青年一代应当有一个什么样的人生，鼓舞着千千万万的读者。通过阅读本书，读者学习到主人公保尔身上那种坚韧不拔的高贵品质，从而更加懂得如何生活、如何面对困难，而这种美好的收获将会陪伴他们一生。顽强、执着、刻苦、奉献、勇敢、奋进的“保尔精神”将成为他们永恒的人生精神坐标。这部小说也成为世界革命青年成才的“教科书”和“圣经”，在苏联国内再版上百次，在国外也有50多种文字译本。

二、教学目标

（1）梳理保尔的成长历程，体会“生命的意义”。

（2）理解“保尔”形象，学习他的精神品质。

（3）掌握摘抄、记笔记的阅读方法，把握小说的艺术特色。

（4）体会保尔精神的现实意义，培养学生崇高的理想信念。

三、学情分析

对于八年级的学生来说，经过七年级和八年级上学期的学习，他们是具备一定的整本书阅读的能力的。《钢铁是怎样炼成的》作为一本小说，故事性强，学生能够读下去。但由于小说是特定历史时期的产物，叙说的是苏联的革命历史，与学生现实生活有很大的距离，有时读起来较费劲，学生兴趣不浓，甚至容易产生排斥感。此外，这本小说总共写了180多个人物和250多件事，向读者充分展示了主人公保尔生活的环境和成长的历程。了解这些人物和故事，是阅读小说的基本步骤。但由于人物众多、情节复杂，学生往往在阅读之后只留下很少的内容在头脑里，或是对小说的整体架构有所认识而对具体情节思路记忆模糊或混乱。针对这种情况，我们可以借助多样化的媒介，创设任务情境，设置有趣的活动，既激发学生的兴趣，拉近学生与名著的距离，又开阔学生的视野，活跃学生的思维，并教给学生阅读的策略和方法，促进学生语文核心素养提升。

《义务教育阶段语文课程标准（2022年版）》第四学段（七年级至九年级）要求：每学年阅读两三部名著，探索个性化的阅读方法，分享阅读感受，开展专题探究，建构阅读整本书的经验。感受经典名著的艺术魅力，丰富自己的精神世界。《钢铁是怎样炼成的》是外国长篇小说的经典之作，统编教材将其列为八年级下册的必读名著，作为落实小说阅读技巧和读书方法“摘抄和做笔记”的重要抓手，引导学生掌握常见的阅读方法及小说阅读策略。

基于此，将从以下方面落实名著《钢铁是怎样炼成的》整本书阅读教学：

一是活动载体。设计、组织多元阅读活动，依托不同的阅读活动任务，引导学生运用浏览、略读、精读、摘抄、写心得等阅读方法，反复在文本中行走，有机渗透阅读策略，让学生充分体验名著阅读的乐趣与意义。学生通过绘制保尔成长经历思维导图，厘清小说情节，提升概括归纳和整合重构的能力，培养思维的灵活性和独创性；通过设计微电影脚本对文本进行审视和重构，创造性地再现作品情节，加深对人物形象的解读，促进语言、思维和审美能力的提升；通过批注、摘抄、写心得等方式赏析小说中景物描写最精美、人物描写最精彩、议论感悟最精辟的语句，分析内心独白、书信、日记、格言警句等的作用，理解语言表达的内涵，加强对人物形象和小说主题的理解，提升语言鉴赏、建构与运用能力；通过绘制朋友圈进一步明晰人物关系，加深对人物形象的理解，提升思维和运用能力；通过颁奖词进一步领会保尔精神并与生活实际相联系，获得文化传承与理解能力的提升，汲取精神力量，为思想成长提供积极的价值取向。

二是注重引领。在课前指引学生根据文本内容制订读完这部小说的完整计划表，明确在每个时间段所要完成的阅读任务。在课中注重对学生进行读书方法的指导，给予知识指导和行动指南，帮助学生搭建阅读支架，如指导学生进行摘抄、做笔记，以便学生更有效地开展阅读；在学生开展任务群活动前明确详细要求，指导学生了解绘制思维导图、写微电影脚本、写颁奖词的相关知识，教给学生思考问题、解决问题的方法。合理推荐和利用适宜的学习资源，为学生拓展学习空间，提供写作、展示、研讨和交流的平台。

三是把书读活。注重整体与局部、通读与精读关系的处理，引导孩子们利用课内、课外的时间，通过读整本书，了解主要内容，梳理小说脉络，把书读薄；又通过细读分析把书读细，分析重点情节和人物形象，把握艺术特色和主题思想。注重情境创设、任务驱动、过程体验和方法习得，让学生在解决问题的过程中习得方法、巩固能力，同时以多种形式展示阅读成果，将学习、实践与运用充分融合，以读促思、以读促写、读写结合。重视学生习惯的养成，注意考察阅读整本书的全过程，以学生的阅读态度、阅读方法和读书笔记等为依据进行评价，引导学生从阅读方法、阅读习惯等方面做阅读总结，进行阅读整本书的自我反思、自我改进。

四、阅读规划

表1

阅读阶段	阅读活动		阅读策略
第一阶段：快速通读，初识经典	第1周	阅读1—6章	快速阅读。引导学生制订阅读计划，采用快速通读的方法，粗略浏览全书，在此过程中不细究每个字、词、句的含义，但要注意了解各篇大意。如果有任何感悟，可以先用三两个词简要记录，待到精读再作探究
	第2周	阅读7—12章	
	第3周	阅读13—19章	
第二阶段：重点精读，品味经典	第4—5周	重点章节精读	1. 引导学生边读边体会文章，要注意记下自己的疑惑，然后通过精读文章、查阅背景资料、借助注释、文本互读等方法，以及与父母、老师、同学等讨论的方法，仔细推敲，力求解除疑惑。 2. 读书时，除了在书中直接圈点批注，还可以摘抄、写心得，这样可以帮助自己重温作品内容，积累语言和素材，有助于提升阅读质量。指引学生在读书时充分运用这两种读书方法，并将摘抄、写心得内容制作成读书卡，届时将进行读书卡评比

续 表

阅读阶段	阅读活动		阅读策略
			3. 指引学生梳理并概括保尔一生中所经历的重要事件，选择一种方式写提要，为成长历程思维导图的绘制做好准备
第三阶段：专题研读，探究经典	第6—7周	专题研读	专题一：思维导图绘制——成长历程我梳理 专题二：读书卡评比——精彩句段我来品 专题三：微电影脚本创作——动人故事我来拍 专题四：朋友圈绘制——保尔形象我来评 专题五：颁奖词撰写——“当代保尔”我来找

五、学习任务群设计

（一）任务群导航

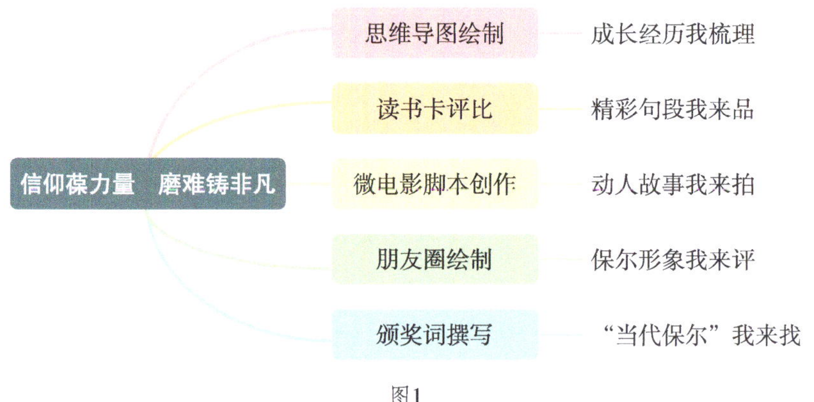

图1

（二）任务群设计

情境设计：中国国家主席习近平在接受俄罗斯电视台采访时，动情地说道：“我年轻时多次读过《钢铁是怎样炼成的》这本小说，奥斯特洛夫斯基就是在索契完成了这部著作。”今年适逢中国共青团成立100周年，在世界读书日到来之际，“耘梦”文学社举办“跟习爷爷读经典”读书系列活动，首推《钢铁是怎样炼成的》这一红色经典，拟开展“阅读之星是怎样炼成的”阅读素养展示大赛，请你应邀参加本次活动，争当“阅读之星”。

本次大赛共有五个任务，每完成一个任务将获得相应积分，表现优秀者将授予“阅读之星”的荣誉称号。现在，让我们一起开启“阅读之星”的通关之旅吧。

表2

序号	任务	完成程度
一	思维导图绘制——成长历程我梳理	
二	读书卡评比——精彩句段我来品	
三	微电影脚本创作——动人故事我来拍	
四	朋友圈绘制——保尔形象我来评	
五	颁奖词撰写——“当代保尔”我来找	

任务一：思维导图绘制——成长历程我梳理

请你结合“写提要”的相关知识小卡片，根据保尔一生所经历的重要事件，绘制一张保尔成长历程的思维导图，标注出与保尔成长有关的关键情节、关键人物。

知识小卡片

写提要

写提要，就是用精练的语言准确概括基本内容或要点。所写的提要，可以是语意连贯的成段文字，可以是按层次和要点罗列的提纲，还可以是体现作品结构思路的图表。

设计意图： 学生借助思维导图和写提要的方法进一步梳理和明确小说情节，锻炼了筛选、提取、整合信息的能力，也为接下来聚焦名著片段做好准备。

学生作品：

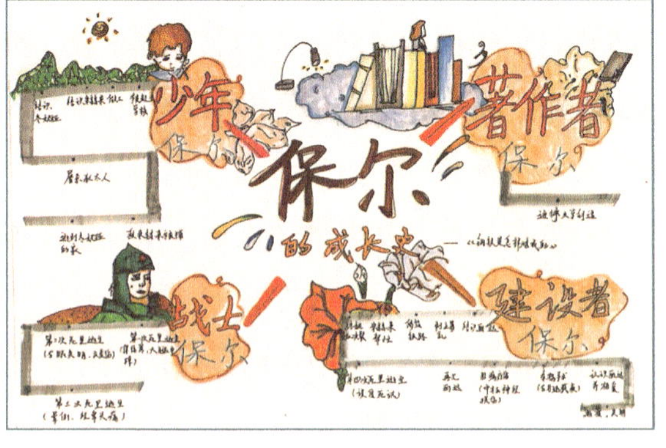

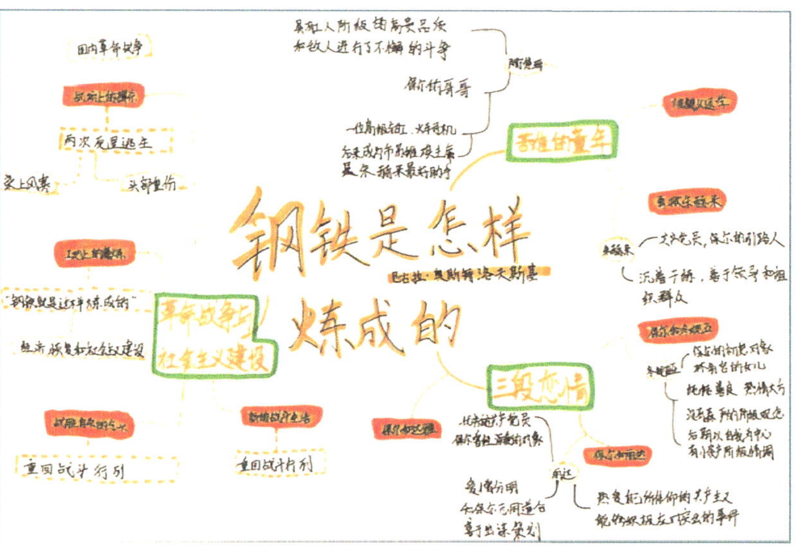
钢铁是怎样炼成的

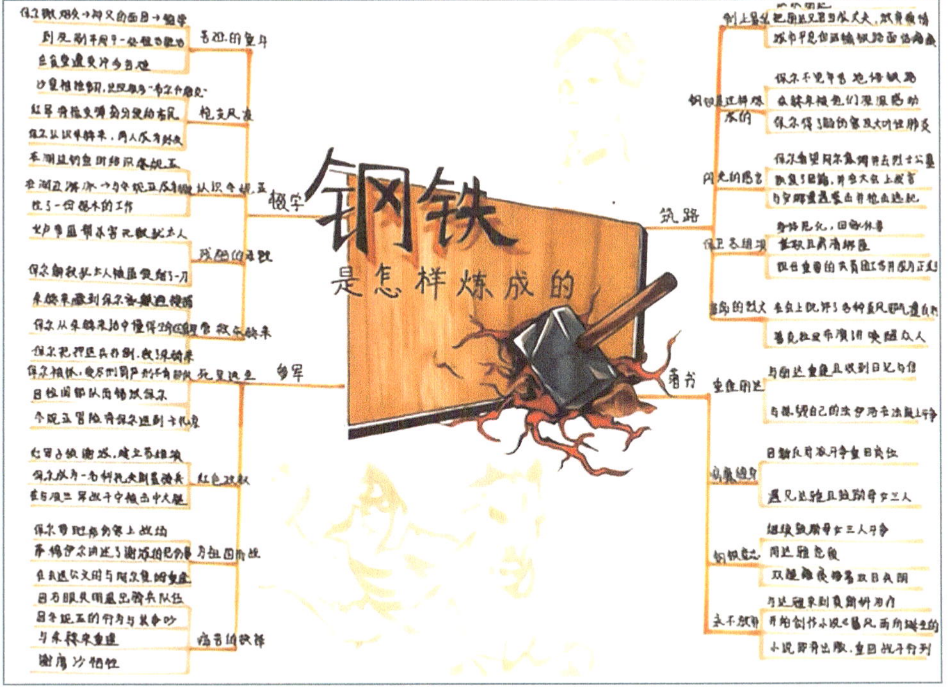

图2

任务二：读书卡评比——精彩句段我来品

班级将开展读书卡评比活动，把同学们精读时制作的读书卡分类整理后进行展示，由全班同学投票选出各类别中最精彩的作品，作品作者将获得在全班分享读书内容和读书方法的机会。

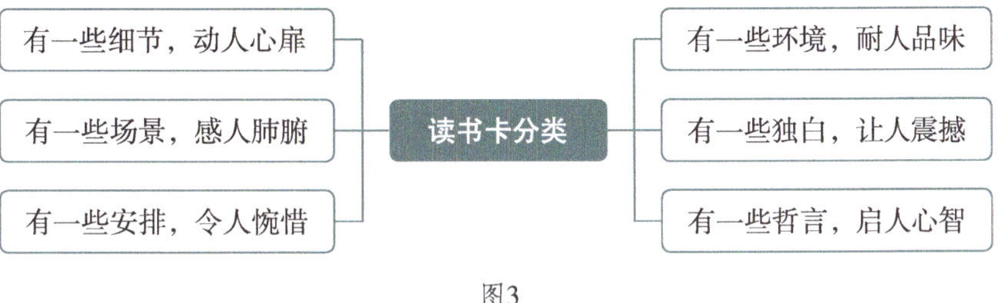

图3

读书卡

读书卡是指读完一本书后，把一本书的名字、主要人物和作者、主要内容，还有在此书中你喜欢的句子、词语和你的感悟记在一张卡片上，这张卡片就叫读书卡。它既可以以板报的形式制作出来，也可以用自己喜欢的风格编辑出来。

摘 抄

摘抄，就是选摘、抄录原文中的词语、句子、段落等。摘抄的内容可以是原作的典故、警句、内心独白、细节描写、独到的抒情议论句等精彩片段。

写心得

写心得，就是记录自己阅读时的体验和感想，如自己对于作品的思想内容（或者人物、情节、情感、思想等）和形式手法（如写作技巧、行文风格、艺术特色等）的看法和评价，以及自己在阅读中生发的新认识、新观点。

设计意图：本活动创设读书卡分类的情境，为学生提供分类的指引支架，旨在引导学生通过赏析品味小说中的精彩句段来体会景物描写、人物描写、内心独白、格言警句等的作用，感受本书语言特点。

学生作品：

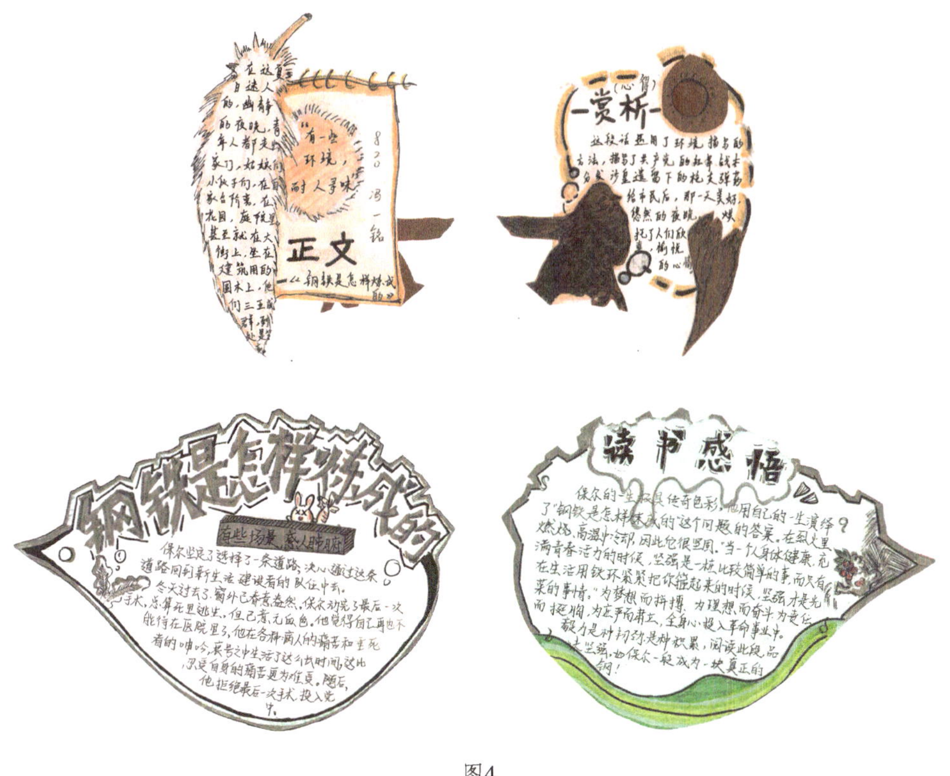

图4

任务三：微电影脚本创作——动人故事我来拍

班级将开展微电影拍摄比赛，请以小组为单位挑选小说中最打动你们的情节、场景描写，设计微电影分镜头脚本。

分镜头脚本格式参考：

表3

镜号	景别	画面内容	人声	时长
1				
2				
3				
4				
5				

知识小卡片

1. 镜号

镜号指的是镜头的序号，一般用数字1、2、3表示。

2. 景别

镜头景别是指画面的范围，包括远景、全景、中景、近景、特写等。

远景一般展示环境全貌，视野宽广，人物较小，有时候是空镜头，通常用来介绍环境，抒发情感。

全景比远景近一点，展示人物全貌，用来表现人物的全身动作，或者是人物之间的关系。

中景指拍摄人物膝盖至头顶的部分，重点展示人物上身的动作。中景最能体现叙事功能，可以很好地展现人与人、人与物、人与环境之间的关系。

近景就是拍摄人物胸部以上或物体局部，有利于表现人物的面部或是其他部位的动作，是刻画人物最有力的景别。

特写就是对人物的眼睛、鼻子、嘴、手指、脚趾等这样的细节进行拍摄，适合用来表现需要突出的细节。特写更能调动观众情绪，展示生活中不常见的特殊视觉感受。

3. 画面内容

画面内容指的是需要演员表现出来的画面信息，具体来讲就是拆分剧本，把内容拆分在每个镜头里面，用精练、具体的语言描述出要表现的画面内容。

4. 人声

人声是指演员的台词，台词是为镜头表达做准备的，起到的是画龙点睛的作用。

5. 时长

时长是指镜头持续时间，一般精确到秒。

设计意图：学生组队进行典型情节、场景微电影脚本创作及微电影拍摄，需要深入文本体会人物心情、所处环境等细节，对文本进行赏析和重构，创造性地再现作品情节，加深对作品情节、人物、艺术特色、主题的深入理解。

学生作品：

《钢铁是怎样炼成的》微电影脚本

保尔辍学

镜号	景别	画面内容	人声	音乐音效	时长

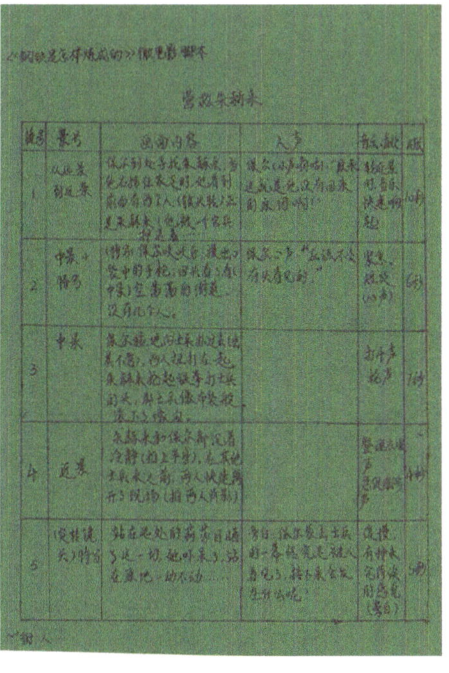

《钢铁是怎样炼成的》微电影脚本

保尔与春天的麻雀

镜号	景别	画面内容	人声	音乐音效	时长

《钢铁是怎样炼成的》微电影脚本

保尔剪抄丽达

镜号	景别	画面	人声	音效	时长

图5

任务四：朋友圈绘制——保尔形象我来评

结合保尔的经历，站在小说中不同人物的立场上，用一句话评价他/她眼中的保尔。

要求：以微信朋友圈的形式呈现，至少3个人物跟帖回复评价。

朋友圈简单样式参考：

保尔头像	一句话评价：________________ ________________ A ________________ B ________________ C ________________

设计意图：设置保尔微信朋友圈的跟帖评价，让小说中的人物去评价保尔，旨在促进学生对小说中人物关系、人物形象的深入理解，进一步对小说主旨进行探究。

学生作品：

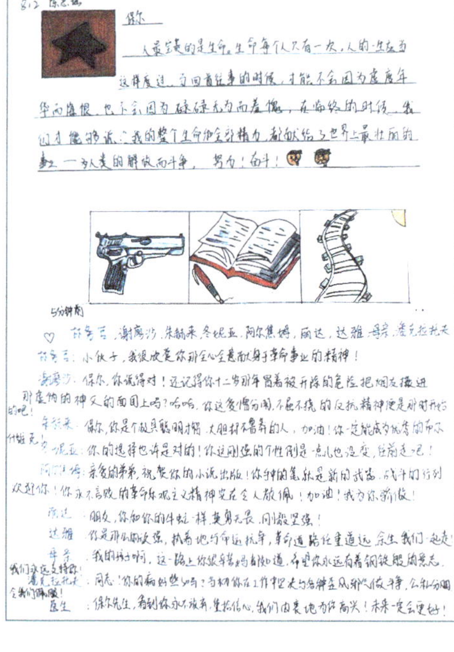

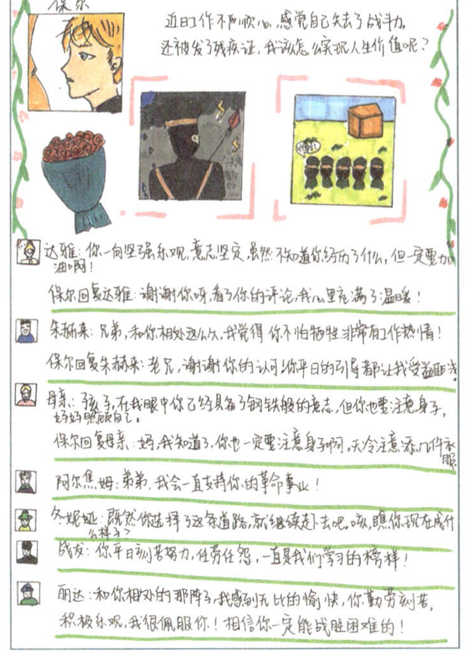

图6

任务五：颁奖词撰写——“当代保尔”我来找

“感动世界人物盛典”将于2023年举办，请你在当代寻找一位内在精神与保尔最契合的人，为这位“当代保尔”写一段100字左右的颁奖词。

知识小卡片

颁奖词

颁奖词，是在某一主题的颁奖典礼上，对获奖对象的事迹所作的一种陈述评价性的礼仪文稿。主要有以下特点：

① 情感性。饱含情感，真挚赞美人物的事迹与精神，以达到以情感人的艺术效果。

② 深刻性。对人物事迹的评价，必须体现一定的深度，触及人物的精神内核，将人物的壮举提升到一定的思想高度。

③ 简洁性。颁奖词非常精练简洁。为适应电视节目的播出时间要求，寥寥数句，即见人物的神韵与风采。

④ 独特性。要做到因人定论、因事定调，有针对性地表达出每个人的个性特点。

颁奖词示例：“朱彦夫”颁奖词——慷慨是英雄

颁奖词：

生命，于你不止一次；士兵，于你不只是经历。没有屈服长津湖的冰雪，也没有向困苦低头。与自己抗争，向贫穷宣战。一直在战斗，一生在坚守。人的生命，应当像你这样度过。

事迹：88岁，长津湖战役幸存者。14岁参军，先后10次负伤，3次立功。在朝鲜战场上，他所在连队当时与敌军在零下30摄氏度以下的恶劣天气里血战了三天三夜，最终仅有他一人生还，但他身负重伤，昏迷93天，先后经历47次手术，被截去四肢，没了左眼，右眼视力仅剩0.3。新中国成立后，朱彦夫主动放弃荣军疗养院的优厚待遇回乡，用25年时间带领乡亲治山治水，改变了家乡贫穷落后的面貌。

设计意图：颁奖词的设计，旨在将小说精神与当下生活、时代精神对接，使小说中的人物精神延伸到现实生活中，成为学生的精神养料。同时读写结合，训练学生的语言表达能力。

学生作品：

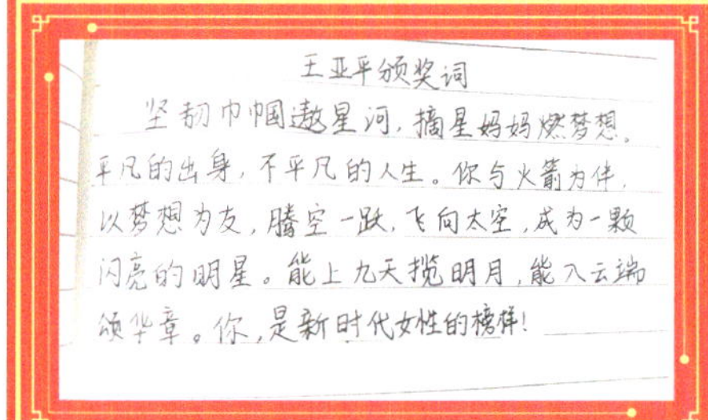

王亚平颁奖词

坚韧巾帼遨星河，摘星妈妈燃梦想。平凡的出身，不平凡的人生。你与火箭为伴，以梦想为友，腾空一跃，飞向太空，成为一颗闪亮的明星。能上九天揽明月，能入云端颁华章。你，是新时代女性的榜样!

张海迪颁奖词

伤痛将你困在孤寂的轮椅上，命运的锁链将你勒出血汗。你同样以血汗对抗锁链，学习外语为你铆足了劲奋力挣开锁链。轮椅是你的战场，你手持知识与梦想的利剑，杀出山东文学之路。成功的荣光背后，汗痕尚未风光，枷锁落满尘灰。

张顺东李国秀夫妇颁奖词

苦难练就强者，奋斗造就伟大。夫妻同心，攻坚克难，一只手，一双足，在布满荆棘的坎坷之路，以美好生活为帆，以顽强勤奋为桨，拼尽全力御风追梦，闯出致富新天地，最终黄土变金。

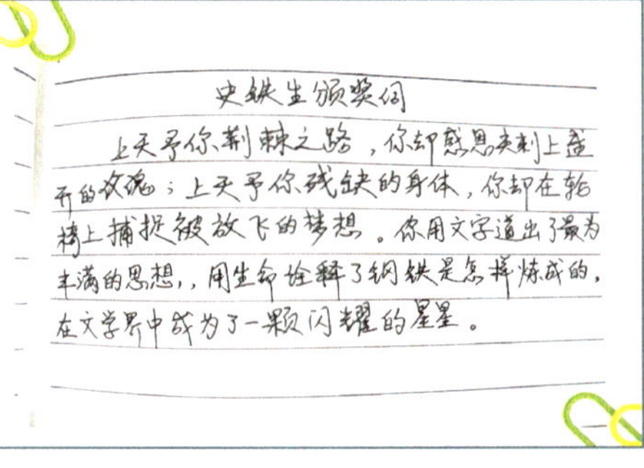

史铁生颁奖词

上天予你荆棘之路，你却感恩未刺上盛开的玫瑰；上天予你残缺的身体，你却在轮椅上捕捉绽放飞的梦想。你用文字道出了最为丰满的思想，用生命诠释了钢铁是怎样炼成的，在文学界中成为了一颗闪耀的星星。

图7

九年级

上册

读古典故事，品忠义豪情

——《水浒传》整本书阅读学习任务群

佛山市顺德区建安初级中学　赵彩云

佛山市顺德区华南师范大学附属北滘学校　王丽君

一、教材与分析

《水浒传》是统编教材九年级上册的名著导读篇目，是中国古典四大名著之一，也是我国古代英雄传奇小说的代表作。课本将本书的阅读定位为“古典小说的阅读”。

（一）作者简介

施耐庵（约1296—约1370），名耳，又名肇瑞、彦端，字子安，号耐庵，或称“钱塘施耐庵”。江苏兴化人，祖籍苏州，舟人之子，出生于兴化县白驹场，元末明初文学家。13岁入私塾，19岁中秀才，29岁中举人，36岁中进士。36岁至40岁之间曾在钱塘（今浙江省杭州市）为官三年，因不满官场黑暗，不愿逢迎权贵，弃官回乡。元至正十六年（1356）六十岁时，张士诚占据苏州，多次请战而不愿应征。71岁或72岁迁兴化，不久又迁白驹场、施家桥。朱元璋征召不应；最后定居淮安至去世，终年75岁。

施耐庵曾任钱塘县尹。元至正十三年（1353），施耐庵加入张士诚的起义队伍，为张士诚出谋划策。但张士诚独断专行，居功自傲，施耐庵愤然离开。后与拜他为师的罗贯中一起搜集、整理北宋末年以宋江为首的一百零八人在水泊梁山起义的故事，撰写《江湖豪客传》，后改名为《水浒传》。

（二）后人评价

清代著名的小说理论家金圣叹喜欢读《水浒传》，他说：“别一部书，看过一遍即休，独有《水浒传》，只是百看不厌，无非为他把108个人性格都写出来。《水浒传》写108个人的性格，真是108样。若别一部书，任他写1000个人，也只是一样，便只写得两个人，也只是一样。”

胡适先生说：“在500年中，流行最广、势力最大、影响最深远的书，并不是四书五经，也不是理性语录，乃是几部白话小说，《水浒传》就是其中的一部奇书，是我国文学的正宗。”

刘再复先生则对《三国演义》和《水浒传》（合称“双典”）做了更为深刻的评价：“《水浒传》和《三国演义》这两部小说把中国的人心推入黑暗的深渊，使中国人原是非常纯朴、非常平和的心灵发生变形、变态、变质，变得愈来愈可怕……‘双典’对中国人心有一种共同的巨大危害是为了达到目的而不择手段。”

（三）内容梗概

全书分为三部分：

第一部分：第1回至第40回，讲述各个英雄好汉的故事，主要包括鲁智深、林冲、杨志、晁盖、吴用、阮氏兄弟、武松、宋江、李逵、花荣等。

第二部分：第41回至第70回，讲述108名英雄好汉百川归海，逐步走向“水泊梁山大聚义”。

第三部分：第71回至第100回，讲述梁山好汉归顺朝廷，最终走向失败。

小说中相对独立和完整的各个故事，都由一根主线贯穿在一起，这根主线就是梁山起义由分散的个人传奇故事而逐步走向联合，再到大聚义，到走上招安道路，最后失败的全过程。

（四）文本价值分析

《水浒传》是中国历史上第一部歌颂农民起义的长篇小说，因其为造反者立传，渲染他们豪侠仗义、除暴安良的英雄壮举，长期被列为禁书，有“少不读《水浒》，老不读《三国》”的说法。而本书也以其芜杂的内容、复杂的观念，甚至混乱的价值观给教学带来很多复杂性。教师自己对此须有清醒的认识，并结合阅读任务适当引导学生进行思辨阅读。

小说记述了梁山好汉们从起义到兴盛再到最终失败的全过程。小说通过写众多草莽英雄不同的人生经历和反抗道路，表现了“官逼民反”的主题。同时，作者把八百里水泊梁山描绘成一个“八方共域，异姓一家”的理想社会，表达了作者对平等与人人互爱的理想社会的向往。

小说作者施耐庵对小说中的“梁山好汉”，给予了充分肯定和热情讴歌，不仅歌颂了这些人物的反抗精神，也歌颂了他们超群的武艺和高尚的品格。同时，作者也借助这些“英雄好汉”的人物经历，揭露了封建社会的黑暗和统治阶级的罪恶，揭示出农民起义的社会根源在于残酷的封建压迫和剥削。

从艺术特色来说，小说塑造了一大批栩栩如生的人物形象，如鲁智深、武松、林冲、李逵、宋江、吴用等数百人之众，这些人物大都形象鲜明，给人留下深刻印象。

小说故事情节生动曲折，很多故事写得跌宕起伏、引人入胜，如武松景阳冈打虎、智取生辰纲、三打祝家庄、大闹野猪林、风雪山神庙等，都是非常经典的片段。

小说结构采取先分后合的链式结构，前40回讲述单个英雄人物的故事，然后百川汇海，逐步发展到梁山泊大聚义。70回以后，写他们归顺朝廷，走向失败的故事。这使小说环环相扣，线索分明。

小说语言用的是古代白话，以北方口语为基础，经过加工，语言特色质朴生动，洗练明快，富有表现力。

以上是教学中的正向文本价值取向，同时，我们也要看到文本中践踏人性与道德底线的思想糟粕，比如小说宣扬的以暴制暴、愚忠思想、暴力与血腥、女性偏见等，在阅读过程中应引导学生予以辨识，否则会对学生的人生观和价值观产生负面影响。

二、学习目标

（1）按规划完成全书阅读，整体把握全书主要故事情节及全书结构特点。

（2）分阶段阅读全书，分析小说主要人物形象特点，把握长篇章回体古典小说人物形象塑造手法。

（3）学习用批判的眼光看待本书的人物及作者表现出的思想、情感的价值取向，对书中的忠君思想、暴力色彩、女性歧视、无视生命等思想糟粕有识别判断的能力。

三、学情分析

作为初中阶段学生，其心智发展、认知水平、思想深度等方面仍未发展完备，尚未形成完整稳定的世界观、价值观和人生观，面对《水浒传》这样充满争议内容和芜杂思想的古典小说，学生在阅读中，会遇到很多障碍，比如文字理解困难、篇幅过长、体量过大难以把控，乃至书中充满血腥与暴力、女性歧视等方面的价值混乱等，都会使学生在阅读时产生畏难情绪。为此，将本书的阅读设置为两大阶段：第一阶段侧重对小说中主要人物的阅读和故事情节的梳理；第二阶段侧重对阅读成果的展示评价以及对文本价值的辨析澄清，针对两个阶段的侧重点设置不同的学习任务群。

四、阅读规划

表1

阅读阶段	周次	阅读内容	阅读说明
第一阶段分步通读	第1—2周	阅读1—22回	重点人物鲁达、林冲、武松、杨志、宋江，完成学习任务
	第3—4周	阅读23—51回	重点武松、李逵、杨志、三打祝家庄，完成学习任务
	第5—6周	阅读52—71回	重点了解这一部分故事情节及主要人物，完成学习任务
	第7—8周	阅读72—100回	重点概述这一部分主要情节，理解整书构思，完成学习任务
第二阶段整书梳理及阅读展示	第9—10周	整本书内容回顾及梳理	梳理整本书内容，展示之前的阅读活动成果；进行思辨性阅读，提升对本书整体的价值判断

五、学习任务群设计

（一）任务群导航

图1

（二）任务群设计

第1—2周　阅读1—22回重点人物：鲁达、林冲、杨志、宋江

任务一：制卡片，识鲁达

活动内容：鲁智深是小说开篇细细描述的好汉，请你阅读与他相关的章节，仿照下面《西游记》人物卡，制作鲁智深人物资料卡。

要求：正面为人物画像、绰号、姓名等，背面为人物经历及主要性格。

设计意图：通过人物卡的制作，把握鲁智深基本信息和人生经历。

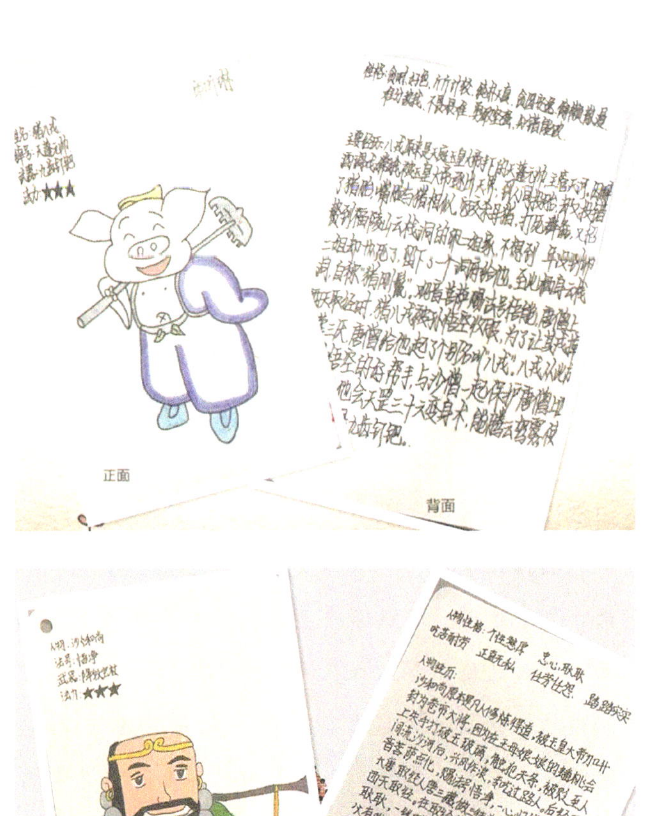

图2

任务二：批注法，知鲁达

阅读“第三回史大郎夜走华阴县　鲁提辖拳打镇关西”，结合链接材料，仿照下面批注，对节选文段中鲁达这一人物形象进行批注。

原文	旁批
三人上到潘家酒楼上，拣个济楚阁儿里坐下。鲁提辖坐了主位，李忠对席，史进下首坐了。酒保唱了喏，认得是鲁提辖，便道：“提辖官人，打多少酒？”鲁达道：“先打四角酒来。”一面铺下菜蔬果品案酒，又问道：“官人，吃甚下饭？”鲁达道：“问甚么！但有，只顾卖来，一发算钱还你。这厮只顾来聒噪！”酒保下去，随即荡酒上来，但是下口肉食，只顾将来，摆一桌子。三个酒至数杯，正说些闲话，较量些枪法，说得入港，只听得隔壁阁子里有人哽哽咽咽啼哭。鲁达焦躁，便把碟儿盏儿都丢在楼板上。酒保听得，慌忙上来看时，见鲁提辖气愤愤地。酒保抄手道：“官人要甚东西，分付卖来。”鲁达道：“洒家要甚么！你也须认的洒家，却恁地教甚么人在间壁吱吱的哭，搅俺弟兄们吃酒。洒家须不曾少了你酒钱。”酒保道：“官人息怒。小人怎敢教人啼哭，打搅官人吃酒。这个哭的，是绰酒座儿唱的父子两人，不知官人们在此吃酒，一时间自苦了啼哭。”鲁提辖道：“可是作怪，你与我唤的他来。”	旁批： 从鲁达语言看出，这是一个粗鲁、急躁又豪爽的人。“但有，只顾卖来，一发算钱还你”，鲁达与李忠、史进一起吃饭，就想把最好的饭菜拿出来招待朋友，可见其为人真诚、慷慨、大方、豪爽。 这里的行动描写，再次看到鲁达的粗鲁、暴躁。 当他得知哭的是“绰酒座儿唱的父子两人”，他收敛了粗暴的脾气，关心起这件事情来，可见鲁智深并不是一个蛮横无理之人，同时也看到他对弱小的百姓所遭苦难的关心

批注方式

从批注的位置来说，只要书中空白的部分都可以，一般根据具体位置大致分为眉批、旁批、夹批和尾批。

“眉批”——批在一段或全文之前。眉批是将批语写在文章上方的空白处，有总起的效果，与文章语句对应，便于一目了然。

“旁批”——写在字、词、句旁边。旁批与眉批的作用相仿，写在文章旁边的空白处，也是为了更好地与文中词句进行对应，让我们再次阅读时，能很快找到当初留下的心情。

“夹批”——写在字行中间。夹批一般比较短小，因为字行中间的空白比较少，因此夹批主要是对细节进行评价时所用的批注。

“尾批”——批在一段或全文之后。尾批也可以称为“总批”或“总评”，是在阅读结束之后，对文章进行的全局性的总结评价。

设计意图：批注法是文本细读的一种很好的方式，通过这一任务，让学生从文本精读的角度，深入理解鲁达在拳打镇关西中所体现的人物形象特点。

原文	批注
郑屠右手拿刀，左手便来要揪鲁达，被这鲁提辖就势按住左手，赶将入去，望小腹上只一脚，腾地踢倒在了当街上。鲁达再入一步，踏住胸脯，提起那醋钵儿大小拳头，看着这郑屠道：“洒家始投老种经略相公，做到关西五路廉访使，也不枉了叫作镇关西。你是个卖肉的操刀屠户，狗一般的人，也叫作镇关西！你如何强骗了金翠莲？”扑地只一拳，正打在鼻子上，打得鲜血迸流	批注：

鼻子歪在半边，却便似开了个油酱铺，咸的、酸的、辣的，一发都滚出来……鲁达看时，只见郑屠挺在地下，口里只有出的气，没了入的气，动弹不得。鲁提辖假意道："你这厮诈死，洒家再打。"只见面皮渐渐地变了，鲁达寻思道："俺只指望痛打这厮一顿，不想三拳真个打死了他。洒家须吃官司，又没人送饭，不如及早撒开。"拔步便走，回头指着郑屠尸道："你诈死，洒家和你慢慢理会。"一头骂，一头大踏步去了。街坊邻舍并郑屠的火家，谁敢向前来拦他。

鲁提辖回到下处，急急卷了些衣服盘缠，细软银两，但是旧衣粗重都弃了。提了一条齐眉短棒，奔出南门，一道烟走了

任务三：理情节，解林冲

请你用流程图/折线图展示林冲落草全过程。

要求：图中要标注重点事件及关键人物。

设计意图：林冲的人生经历和性格有其发展变化的过程，运用流程图/折线图梳理人物经历，有助于学生全面理解这一人物形象，并通过他的性格变化理解"官逼民反"的小说主题。

学生作品：

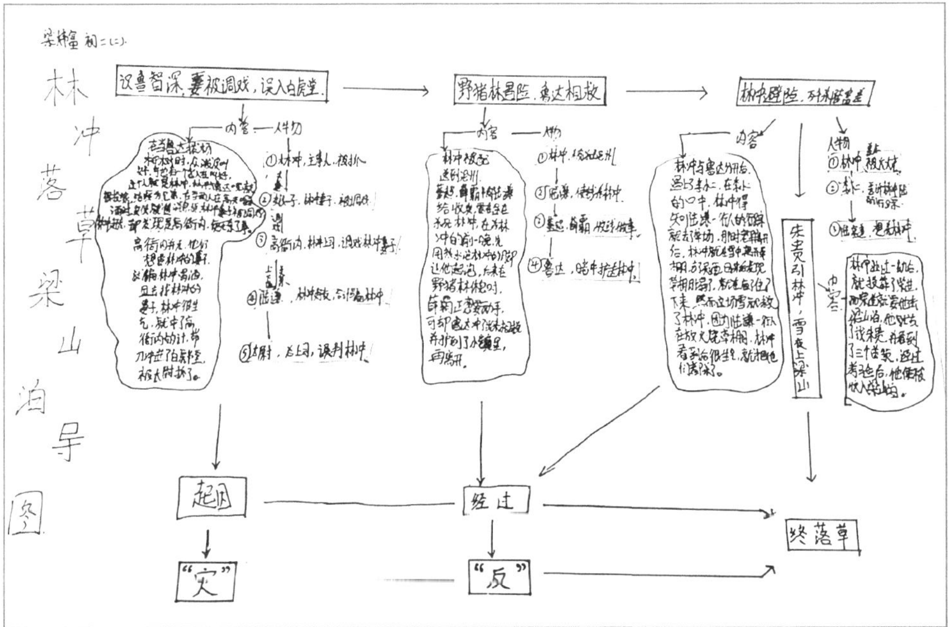

图3

任务四：赏图片，知杨志

下图是《水浒传》中一个非常有名的故事，请你给该故事拟写一个小标题，并简述这个故事的起因、经过和结果（不超过100字）。

图4

设计意图：语文教材中有“智取生辰纲”这一故事的节选，通过此活动打通小说和课文的联系，同时对杨志这一人物形象的理解以及这一关键事件中涉及的其他人物、人物之后不同的命运发展都是一个铺垫。老师也可以给学生介绍“水浒连环画”这一不同于小说的跨界阅读形式，加强阅读形式的丰富性，激发学生的阅读兴趣。

任务五：解绰号，识宋江

水浒故事中的人物大都只有一个绰号，唯独宋江有三个，请你联系小说中与宋江有关的事例解读这三个绰号。

设计意图：从三个绰号的梳理解读中，引导学生对人物形象进行深入理解。

表2

绰号	解读
孝义黑三郎	
及时雨	
呼保义	

参考示例：

表3

绰号	解读
孝义黑三郎	范例：“黑”是指宋江的肤色。书中道：“他面黑身矮，人都唤他做黑宋江。”“三郎”是他的排行。书上说：“那押司姓宋，名江，表字公明，排行第三。”而“孝义”则是宋江的性格特征，对父亲十分孝顺，对江湖兄弟十分讲义气（为了父亲的安全，在其做押司时便与父亲脱离了父子关系）
及时雨	范例：意为宋江经常替人排忧解难
呼保义	范例：宋代有一个官职叫“保义郎”，品级不太高，但很尊贵。皇上微服出行时，让别人称呼自己为“保义郎”。宋江的绰号为“呼保义”，意思是宋江对皇上的无比忠诚。 《水浒传》第90回写宋江征辽功成后，“加宋江为保义郎”，可谓得偿所愿。而在水浒传里，宋江多次提出要保住梁山“替天行道”的意义，直到快死了也记在心中（杀李逵）

第3—4周　阅读23—51回　重点：武松、李逵、杨志、三打祝家庄

任务一：走近武松，制作英雄帖

近期梁山泊举行“武林大会”，届时108好汉将在“新梁山”重新聚义。请你仿照林冲的“水浒英雄帖”，给武松制作一个“英雄帖”。

水浒英雄帖——林冲

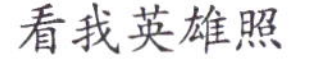

姓名：林冲

籍贯：东京

座次：天雄星第五

武器：丈八蛇矛

绰号：豹子头

绰号由来：我身长八尺，豹头环眼，燕颔虎须，头型像豹子，更有一身豹子般勇猛机敏的好武艺，故得此名。

我的英雄宣言：誓与黑暗的朝廷不共戴天

我的英雄事迹：你们大概都知道一句话“林冲落草——逼上梁山”吧！我就是那个林冲。我——东京八十万禁军教头，是无人不知无人不晓的“豹子头”，却被高俅老贼一而再再而三地陷害。“风雪山神庙”改变了我的人生轨迹，也是我人生的转折点。我被高俅老贼陷害刺配之后，几经周折被分到草料场做看守。在一个风雪之夜，因大雪压塌住处，我来到一个破旧的山神庙暂住一宿，凑巧听到门外陆谦和富安的对话，才知道门外草料场的大火是为了烧死我而放，这一切都是高俅老贼指使。“是可忍孰不可忍”，我实在忍无可忍，便结果了他们的性命，为被逼死的妻子报仇，为自己报仇！从此，我上了梁山，誓与奸贼高俅和黑暗的朝廷斗争到底！

设计意图：借用影视作品中武侠传奇小说常用的“武林大会”和“英雄帖”的方式，激发学生的阅读活动参与兴趣，同时完成学生对人物形象的分析。

任务二：识传记，写李逵

请你仿照下面的《武松传》，为李逵写一则人物传记。

武松传

武松是清河县人氏，从小父母双亡，有一个哥哥武大郎，在家靠卖炊饼为生，由武大郎抚养长大，兄弟二人关系非常亲密。武松自小习武，武艺高强，性格急侠好义，家里排行老二，人们都称他“武二郎”。

武松因先前在家乡打死一个恶霸，怕挨官司，远离家乡，投奔河北沧州，躲在小旋风柴进府中避祸，一住二载。就在那年九月间，山东济州郓城县宋江，因在家杀死阎惜姣（阎婆惜），也逃到沧州柴进府中避祸，二人一见如故，结拜金兰。武松思念其胞兄武植，归心似箭，辞别柴进、宋江，赶奔阳谷县寻兄。

经过阳谷县景阳冈时喝醉，在景阳冈遇猛虎，奋力打死老虎，因此被阳谷县令任命为都头。武大郎妻子潘金莲貌美如花，因嫌弃武大郎样貌猥琐，试图勾引高大英武的武松，被武松拒绝。后与西门庆通奸。奸情败露后，二人与王婆一起毒死了武大郎。为报仇，武松先杀潘金莲再杀西门庆，因此获罪被流放孟州。去孟州途中，在十字坡酒店结识了张青、孙二娘。在孟州牢城，受到施恩的照顾，为报恩，武松醉打蒋门神，帮施恩夺回了“快活林”酒店。武松也因此遭到蒋门神勾结官府以及张团练的暗算，被迫大闹飞云浦，血溅鸳鸯楼，并书“杀人者，打虎武松也”。在逃亡中，得张青、孙二娘夫妇帮助，假扮成带发修行的“行者”，夜走蜈蚣岭，在坟庵杀死恶道飞天蜈蚣王道人。武松投奔二龙山后成为该支“义军”的三位主要头领之一，后三山打青州时归依梁山。

在征讨方腊战斗中，武松被包道乙暗算失去左臂，班师时拒绝回汴京，在六和寺出家，八十岁圆寂。

武松性格急侠好义、刚猛不屈、敢做敢当（在张都监府杀人后留名“杀人者，打虎武松也”）、疾恶如仇、正义、勇敢（对蒋门神）、恩怨分明，知恩图报（对宋江和施恩），不向恶势力低头（怒杀西门庆）。其中敢作敢当（阳谷私设公堂审王婆，张都监府）是武松这个人的最大的人格特点，一身虎胆，武艺高超，疾恶如仇，行侠仗义，路见不平、拔刀相助。

金圣叹评武松，有所谓“武松天人者，固具有鲁达之阔，林冲之毒，杨志之正，柴进之良，阮七之快，李逵之真，吴用之捷，花荣之雅，卢俊义之大，石秀之警者也”。

主要经历：景阳冈打老虎、斗杀西门庆、十字坡遇张青、醉打蒋门神、大闹飞云浦、血溅鸳鸯楼、夜走蜈蚣岭、醉打孔亮等。

李逵传

设计意图：用人物小传的方式解读李逵这一人物形象，一方面与之前人物形象分析的方法有所区别，避免重复；另一方面，写人物小传，可以引导学生专题阅读探究小说中有关李逵的章节，并对李逵这一人物形象有一个整体全面的把握，这是分析长篇章回体小说人物形象的一个很好的方法策略。同时，读写结合，有助于学生语言表达能力的训练，有助于提高传记体文章的写作能力。

任务三：比较法，析人物

金圣叹说过："《水浒》所叙，叙一百八人，人有其性情，人有其气质，人有其形状，人有其声口。"也就是说，小说中人物各有各的特点，均不相同。请你运用比较法完成下面的学习任务。

（1）比较"武松打虎"和"李逵打虎"相关故事情节的前因后果，说说李逵打虎为什么没有武松打虎出名。

设计意图：从两人打虎的前因后果及影响力中，精读文本，深入分析两个同中有异的人物形象，把握人物性格特点。同时，也教给学生深入解读人物形象的一个有效的方法——比较法。

学生作品：

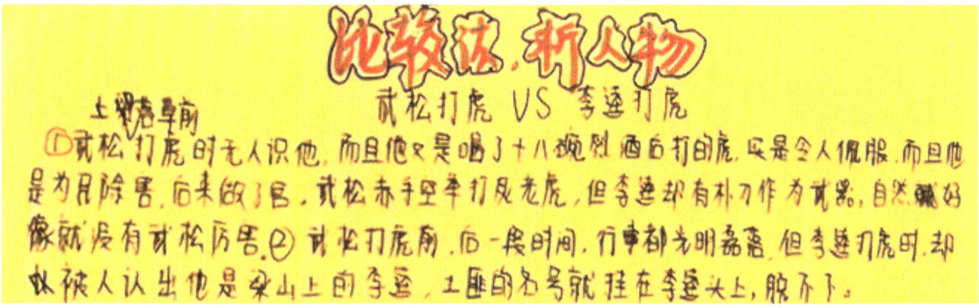

比较法，析人物

武松打虎 VS 李逵打虎

①武松打虎时无人识他，而且他又是喝了十八碗烈酒后打的虎，实是令人佩服，而且他是为民除害，后来做了官，武松赤手空拳打死老虎，但李逵却有朴刀作为武器，自然就好像就没有武松厉害。②武松打虎前，后一段时间，行事都光明磊落，但李逵打虎时，却怕被人认出他是梁山上的李逵，土匪的名号就挂在李逵头上，脱不下。

图5

（2）鲁智深、武松、李逵同是粗豪之人，但三人却有不同之处，请你填写下面表格，结合小说相关故事情节分析四人粗豪的异同。

表4

人物	粗豪之共同点	粗豪之不同点	作者笔法 对写作启发
鲁智深			
武　松			
李　逵			

设计意图：《水浒传》在人物塑造上一个突出的特点，就是非常注意表现人物之间的共性与个性。通过人物或故事情节的比较阅读，引导学生深入理解人物形象，体会作者塑造人物形象的高超笔法。

学生作品：

表5

人物	粗豪之共同点	粗豪之不同点	作者笔法 对写作启发
鲁智深	粗犷、豪迈、豪爽、仗义、侠肝义胆、打抱不平	粗鲁、暴躁、粗中有谋，如拳打镇关西、大闹野猪林	作文中可运用人物对比映衬的手法，突出主要人物的形象特点
武　松		处事细致严谨、考虑周全，如处理哥哥被谋害一事、醉打蒋门神等	
李　逵		粗鲁、暴躁、头脑简单、有勇无谋，如大战浪里白条	

表6

	粗豪的表现	人物形象
鲁智深	①鲁达道："谁奈烦等你，去便同去。"②鲁达焦躁把那着的人一推一跤，便骂道："这厮们挟着屁眼撒开，不去的洒家便打。"③听得隔壁阁子里有人哭哭啼啼哽咽。鲁达焦躁，便把碟儿盏儿都丢在楼板上，④鲁达听道："这个腌臜泼才……却原来这等欺负人。"回头看看李密，史进道："你两个且在这里，等洒家去打死了那厮便来。"	性情急躁
武松	①武松得知兄长死因，县衙也阻止不了他为兄长报仇的决心，私自杀了潘金莲和西门庆。②武松被陷害后，刺配路上遇刺杀，怨恨冲天"不杀得张都临，如何出得这口恨气！"回头血溅鸳鸯楼，杀十五口	不受羁绊 我行我素
李逵	①只见那人还里那个黑大汉，抱两把板斧，一昧地砍将来。②特晁盖叫他时，他根本听不视，抱着大斧，只顾砍人。他也不问军官还是百姓，刀起头落，杀得尸横遍野，血流成河。推倒撷翻的，也不计其数。③黑旋风笑道："吃我杀得快活！"	野蛮鲁莽
史进	①史进大发脾气，喝道："你是甚么人，敢来笑话我的本事！"②"你来！你来！怕的不算好汉！"③"我枉自经了许多师家，原来不值半分。师父，没奈何，只得请教。"④从小不务农业，只爱刺枪使棒。母亲说他不得，呕气死了。老汉只得随他性子，不知使了多钱财，投师父教他。又请高手匠人，与他刺了这身花绣	少年任性 不够沉稳

任务四：绘图画，知情节

请你阅读小说中“三打祝家庄”相关故事情节，用连环画绘制“三打祝家庄”的经过，并给每幅画配上简洁的文字介绍。

设计意图：“三打祝家庄”是宋江上梁山后的第一战，也是展示宋江谋略和组织能力的一战，梁山很多英雄人物也在本次战斗中展现各自的性格和魅力。怎样引导学生把握故事情节全过程，认识这一故事在全书中的作用，并让学生阅读起来不感觉枯燥乏味，充满驱动力和兴趣？学生一般对图画比较感兴趣，于是采用绘制连环画并配文字的方式，既能推动学生的阅读任务的完成，又能激发学生的阅读兴趣，使阅读过程充满思维性与趣味性，同时，也是跨学科融合的一种体现。

学生作品：

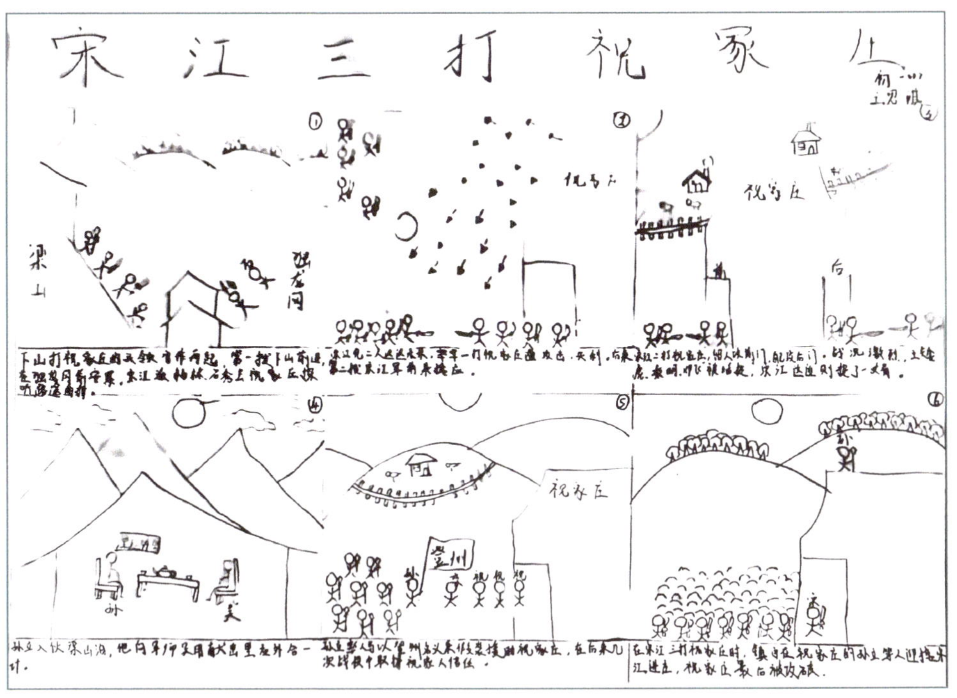

图6

第5—6周 阅读52—71回 了解故事情节及主要人物

任务一：看语言猜人物

明代批评家叶昼说："《水浒传》文字，妙绝千古，全在同而不同处有辨。如鲁智深、李逵、武松、阮小七等人，都是急性的，却形容刻画来，各有派头，各有光景，各有家数，各有身份，一毫不差，半些不混，读去自有分辨，不必见其姓名，一睹事实，就知某人也。"合上书，你能说出下面言语是出自谁之口吗？

"条例，条例，若还依得，一下不乱了！我只是前打后商量。那厮若还去告，和那鸟官一发都砍了。"

"哥哥是山寨之主，如何命名得劲动。小可和柴大官人旧来有恩，情愿替哥哥下山。"

"高唐州城池虽小，人物稠穰，军广粮多，不可轻敌。烦请林冲、花荣、秦明、李俊、吕方、郭盛、孙立、欧鹏、杨林、邓飞、马麟、白胜十二个头领，部引马步军兵五千，作前队先锋。中军主帅宋公明、吴用，并朱仝、雷横、戴宗、李逵、张横、张顺、杨雄、石秀十个头领，部引马步军兵三千策应。"

"我的这法，第一不许吃劳并吃牛肉。若还吃了一块牛肉，只要走十万里方才得住。"

他自忖道："眼见得梁上那个皮匣子，便是盛甲在里面。我若趁半夜下手便好。倘若闹将起来，明日出不得城，却不了大事。且挨到五更里下手不迟。"

"前番和花知寨在清风山时，洒家有心要去和他厮会，及至洒家去时，又听得说道去了，以此无缘不得相见。罢了！孔亮兄弟，你要救你哥哥时，快亲自去那里告请他们，洒家等先在这里和那撮鸟们厮杀。"

"哥哥不得造次，我和你星夜回梁山泊去报知，请宋公明领大队人马来打华州，方可救得史大官人。"

任务二：比较阅读

林冲是第一个被逼上梁山的人，卢俊义是最后一个，对比前后这两个情节，竟有许多相似之处。这并非作者江郎才尽，而是特意为之，你能说说这其中的妙处吗？

第7—8周　阅读72—100回　概述情节，理解构思

任务一：“梁山微博”热点事件讨论

网络上最近在盛传“梁山微博”的热门事件，请你细读第80回宋江放高俅片段，跟帖讨论“高俅是杀还是放”。

表7

<table>
<tr><th>热点事件</th><th colspan="2">梁山朋友圈跟帖回复</th></tr>
<tr><td rowspan="3">高俅是杀还是放？
且说梁山泊众头目商议，宋江道：“我看高俅此去，未知真实。”吴用笑道：“我观此人生的蜂目蛇形，是个转面无恩之人。他折了许多军马，废了朝廷许多钱粮，回到京师，必然推病不出，朦胧奏过天子，权将军士歇息。萧让、乐和，软监在府里。若要等招安，空劳神力。”</td><td>吴用跟帖</td><td></td></tr>
<tr><td>李逵跟帖</td><td></td></tr>
<tr><td>“我”跟帖</td><td></td></tr>
</table>

设计意图：本设计以驱动性问题源于学生阅读《水浒传》时产生的问题为切入点，让学生与梁山众人遭遇产生共情，希望自己可以化身为智计频出的吴用，帮助众好汉除掉高俅的同时，又可以招安成功。从而引出驱动性任务。本任务的设计能够激发学生兴趣且易于学生理解，且具有开放性，有多个可能的答案。驱动性问题与学习改写的目标保持一致，要完成这一任务，学生需要获得预期的知识、理解和技能。

任务二：思考探究

“梁山微博”讨论区针对梁山好汉108人的结局，正在进行相关讨论，请你按照示例要求，用思维导图梳理后，在微博发表你参与讨论的作品。

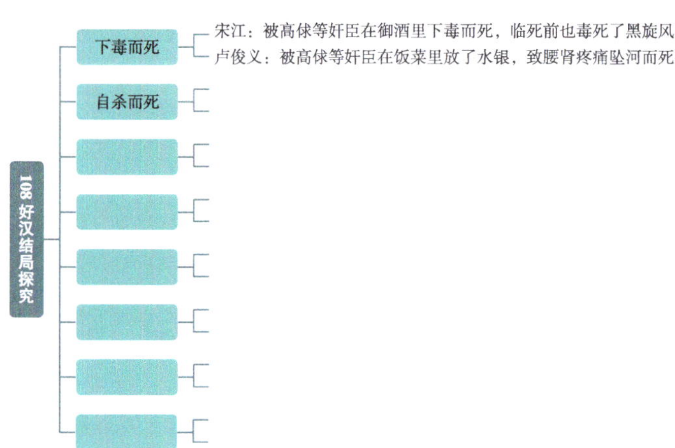

图7

设计意图：本设计通过分析梁山好汉的结局，引导学生细读文本，分析结局。让学生从文本看出《水浒传》的功名观：功名非人生必有之义。借助分类归纳的理念，通过驱动性任务的设置让学生在任务情境中进行深入阅读，最大化地增强学生的阅读能力，展开对人物思想内涵等方面的深度思考。

参考示例：

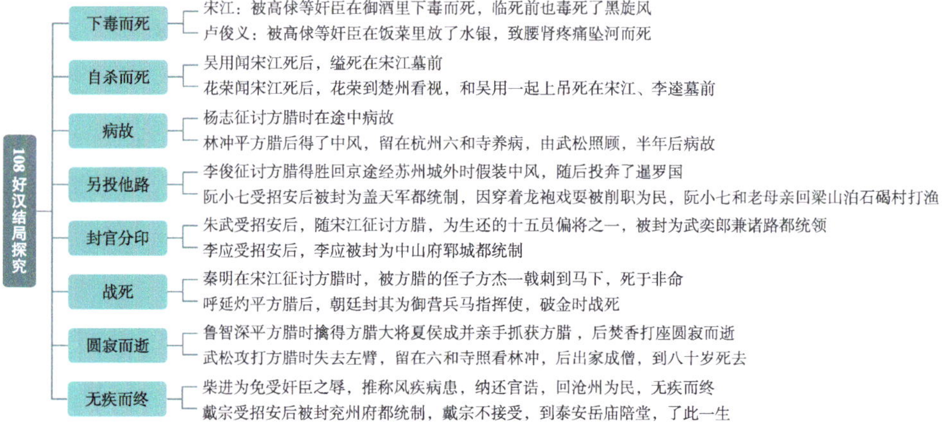

图8

第9—10周　整书梳理及阅读展示

任务一：梳理整书

请你仿照《西游记》的思维导图思路梳理全书主要情节，全班评比，精选优秀者参加全级展示。

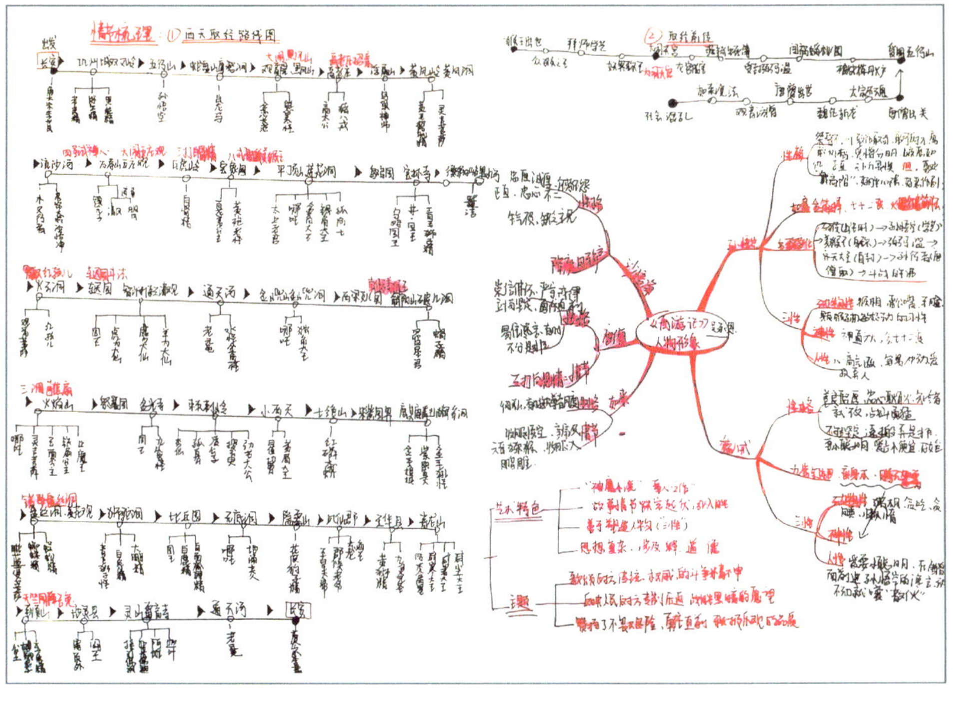

图9

设计意图：运用思维导图，对整本书的故事情节进行梳理，整体把握小说内容，训练学生的归纳概括能力。

学生作品：

图10

任务二：水浒辩论会

关于《水浒传》历来有很多争议，请你针对下面的观点，选择其中一个写好辩论稿，准备辩论。

正方：宋江应该招安。反方：宋江不应该招安。

正方：武松是英雄。反方：武松不是英雄。

设计意图： 通过辩论稿写作，引导学生深入思考小说中的人物形象的复杂性以及故事情节安排的深层用意，培养学生的批判性思维。

学生作品：

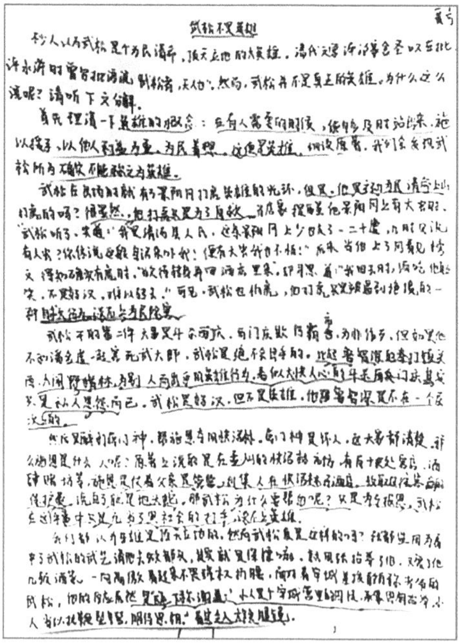

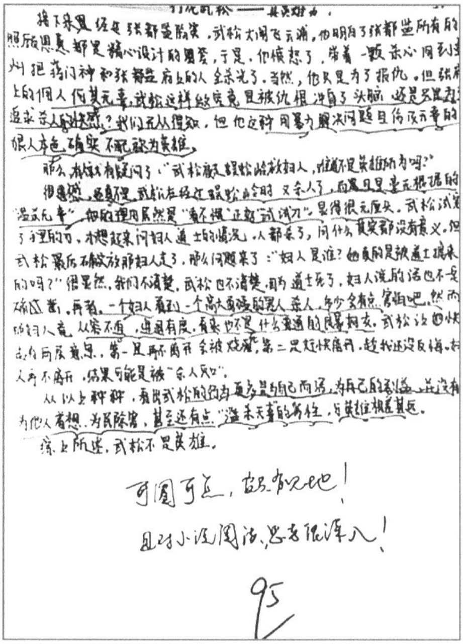

图11

任务三：专题探究

（1）《水浒传》中的宋江，是人人拥戴的梁山头领，但金圣叹却这样评价宋江："盖作者只是痛恨宋江奸诈，故处处紧接出一段李逵朴诚来，做个形击。其意思自在显宋江之恶，却不料反成李逵之妙也。"你认同金圣叹对宋江"奸诈"的看法吗？为什么？

（2）有很多人认为，《水浒传》的主题并不是"官逼民反"，因为梁山108个好汉没有几个人是被逼上梁山的。你认同这种观点吗？为什么？

（3）下面是九年级（1）班几位同学读完《水浒传》之后的一段对话：

黄可：读完这本小说，我有一种强烈的感觉，施耐庵对女性充满了歧视。

睿鹏：咦，我和你有同感哦！不过我还发现，书中有很多血腥暴力的场面，比如武松血溅鸳鸯楼，无辜小孩被残忍杀害；李逵用斧子劈死小衙内……太残忍了，但作者却对这些人充满赞美，为什么？为什么呀？

诗瑶：我也有同样的疑惑，我觉得这本书中有很多东西似乎不那么正能量，比如宋江为了让秦明上山，竟然不择手段地屠城，残害老百姓，阅读这本书究竟要让我们学什么呢？

黄可：你说得对！我看过网上一些人也对《水浒传》有很多批判，甚至有很多人认为我们初中生不应该读这本书呢！

睿鹏、诗瑶：那我们得问问老师，为什么要读这样的书？

黄可：走！我们一起去请教老师。

听了以上三位同学的对话，你是否与他们有一样的疑惑或看法，请针对上文提到的问题，任选其一，发表你的看法（不少于600字）。

设计意图：任务三的三个问题，都是从思辨性的角度拟题，引发学生对小说中人物及小说思想价值的批判性思考，训练学生多角度思考问题的能力。九年级的学生，已经学习过大量议论文，认知水平和思想深度相比七、八年级学生，已经成熟很多，对本书中的思想糟粕，老师应有意引导学生进行辨析，提高理性思维，养成独立思考的思维习惯，特别是养成思辨性思维的习惯。

昭昭赤子心

——《艾青诗选》整本书阅读学习任务群

顺德区北滘镇君兰初级中学　吴锦珊

一、教材分析

《艾青诗选》是现代诗人艾青的诗歌选集，是统编教材九年级上册的名著导读篇目，是中国现代诗的代表作。课本将本书的阅读定位为“现代诗歌阅读”。

（一）知人论“诗”

艾青是中国现当代文学史上的著名诗人，1910年出生于浙江金华。原名蒋正涵，号海澄，曾用笔名莪加、克阿等。从1936年起，艾青出版诗集20多部，著有论文集《诗论》《新文艺论集》《艾青谈诗》，以及散文集和译诗集各1本。他的作品被译成10多种文字在国外出版，在世界上也享有盛誉。1985年，法国授予艾青文学艺术最高勋章。

在中国新诗发展史上，艾青是继郭沫若、闻一多等人之后又一位推动一代诗风并产生过重要影响的诗人。其诗歌所体现的民族性与时代性，时至今日依然熠熠生辉。

（二）内容介绍

《艾青诗选》版本众多，各版本选取的诗作有所不同。主流版本大多收录艾青从20世纪30年代到70年代末的作品。这些诗歌大多以革命现实主义手法，深沉地歌唱出了祖国的土地和人民所遭受的苦难和不幸。

20世纪30—40年代，这一时期艾青的诗歌充满了“土地的忧郁”，内容上多写国家与民族的苦难、悲伤与反抗，具有凝重、深厚而又大气的风格。代表篇目有《雪落在中国的大地上》《北方》《黎明的通知》《大堰河——我的保姆》《向太阳》等。

1978年，经过了二十年的沉寂，诗人“归来”，诗风也发生了巨大的变化。诗句变得更整齐，诗情变得更深沉，诗意变得更警策……字里行间饱含着睿智哲思。代表篇目有《鱼化石》《镜子》《光的赞歌》等。

（三）文本价值分析

1. 体现立德树人导向

《艾青诗选》是一部集民族性、思想性和艺术性于一体的诗集。作品真实地反映了中华民族争取解放、摆脱枷锁、走向新生的伟大历史，反映民族和人民的苦难与命运。表达了诗人对劳苦大众痛苦生活的同情，对光明、理想、美好生活的向往与追求，以及对祖国的热爱。

2. 助力语文素养提升

艾青诗歌以散文美，创造了现代自由体诗的一座高峰。艾青的诗感情真挚、语言朴素，不求外在形式的整齐，不注重押韵，自由而灵动。诗意含蓄，注意意象的捕捉，以太阳、土地等典型意象来表情达意，使诗意深沉浓厚。在语言的运用上，不仅注意修辞，而且也讲究画面与色彩。

二、教学目标

阅读《艾青诗选》，有利于帮助学生了解中华民族艰难跋涉，从落后屈辱走向强大光明的历史。

（1）通过了解作者与背景，知人论“诗”，引导学生明了诗歌的内容指向。

（2）引领学生做批注，赏语言，走进诗人的心灵世界。

（3）引导学生研读意象，感悟诗歌的情感内涵；指导学生朗读方法，体会诗歌的魅力。

（4）通过专题探究，分析诗歌陌生化的语言和独特的画面感，加强对诗味的体会，了解现代诗的艺术特色，从而提高学生的诗歌鉴赏能力，并加深对诗歌内涵的理解，培养学生的爱国情怀与积极的人生观。

（5）激发学生诗歌创作的热情，尝试以诗意记录生活。

三、学情分析

初三的学生，已经学习欣赏了不少的诗歌，对诗歌有一定的理解感悟能力。初三上册第一单元为诗歌单元，学生通过阅读诗歌作品，了解了诗歌的意象，体会了诗歌的意境，感受了诗歌的魅力。这为《艾青诗选》的阅读奠定了基础。但是，学生对于新诗的整本书阅读还是比较陌生。受新诗阅读方法的缺乏及自身阅历的局限，使学生对诗歌的阅读常常停留在感性的层面。再加上时代的隔膜与主题的宏大，学生对艾青诗歌不容易产生亲切感。因此，任务群设计将从激发学生的诗歌阅读兴趣与指导新诗阅读方法两大途径入手，以有趣有用的真实任务为驱动，渗透“知人论诗法”“批注品析法”“朗读品味法”“意象解读法”“探究法”，让学生愿读、会读、乐读，读懂艾青的“昭昭赤子心”。

任务群设计为项目式学习的方式，以参与《艾青诗选》的新版设计为总任务，项目分解为六个子任务：大诗人，小书签；作批注，品语言；读意象，绘腰封；设脚本，诵诗情；研学问，寻新知；学笔法，描生活。六个子任务间形成层层递进的关系。由表及里，由阅读到理解再到拓展运用。教师在循序渐进中切分任务，搭建支架；学生在完成群任务的过程中，综合运用各种方法，读写结合，一步步提升解读新诗的能力，提高诗歌的审美水平，激发诗歌创作热情。

四、阅读规划

表1

时间	周一至周五	周末
第1周	阅读1932年至1957年的诗歌	完成任务一、二
第2周	阅读1937年至1941年的诗歌	完成任务三
第3周	阅读1941年至1958年的诗歌	完成任务四、五
第4周	阅读1978年至1996年的诗歌	完成任务六

五、学习任务群设计

（一）任务群导航

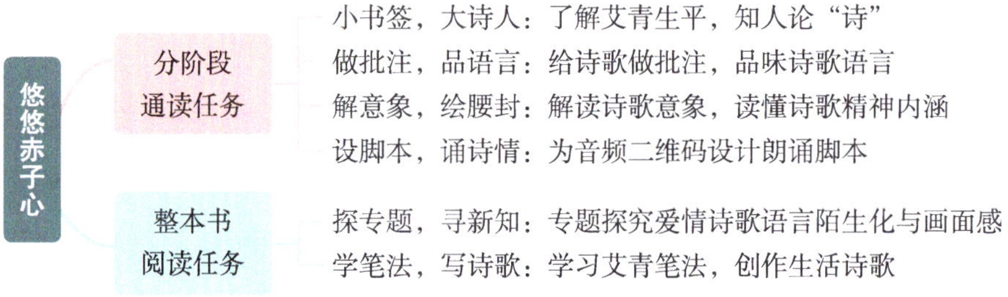

悠悠赤子心

- 分阶段通读任务
  - 小书签，大诗人：了解艾青生平，知人论“诗”
  - 做批注，品语言：给诗歌做批注，品味诗歌语言
  - 解意象，绘腰封：解读诗歌意象，读懂诗歌精神内涵
  - 设脚本，诵诗情：为音频二维码设计朗诵脚本
- 整本书阅读任务
  - 探专题，寻新知：专题探究爱情诗歌语言陌生化与画面感
  - 学笔法，写诗歌：学习艾青笔法，创作生活诗歌

图1

（二）任务群设计

2022年5月，中国诗歌学会和金华市金东区人民政府共同创办了“艾青诗歌奖”。该奖为双年度奖，每两年为一届。“艾青诗歌奖”的设立，旨在发现和奖掖长期以来坚持不懈地以独特的想象和创造性的文字，表达、传承、演进诗歌与时代、与土地、与人民的紧密关系，每一首诗、每一行诗、每一个字之间，钟情、深信于这个世界真、善、美的中外诗人。

第一届“艾青诗歌奖”颁奖仪式将于2023年3月在金华市金东区举行。

值此盛会，某著名出版社计划再版《艾青诗选》，为了符合市场需求，提升青少年的阅读水平与审美能力，出版社计划在书的装帧与设计上面下功夫，现邀请你来做小编辑参与《艾青诗选》的新版设计，请你完成下列六个任务。

书籍装帧设计

书籍装帧设计是指从书籍文稿到成书出版的整个设计过程，也是完成从书籍形式的平面化到立体化的过程，它包含了艺术思维、构思创意和技术手法的系统设计。书籍的开本、装帧形式、封面、腰封、字体、版面、色彩、插图以及纸张材料、印刷、装订及工艺等各个环节的艺术设计。

任务一：小书签，大诗人

出版社计划在新版《艾青诗选》中随书附送一张精美的小书签。请你根据下列要求，完成书签的设计与制作。

书签的内容：此书签为“名人书签”，内容可以是诗人艾青的基本资料介绍，也可以是关于诗人的生平小故事，或者是对诗人的评价等。

书签的材质、形状、大小等可根据内容合理自定，力求做到图文并茂。

设计意图：让学生通过自主查找资料加深对作者的了解，知其人论其诗，为后续的学习任务提供发展的台阶，为学生更好地理解诗歌表达的情感做铺垫。同时，因为小书签容纳的内容是有限的，这就需要学生对查找到的资料进行筛选、整合、归纳。此任务旨在提升学生的资料检索、筛选、整理等能力。

学生作品：

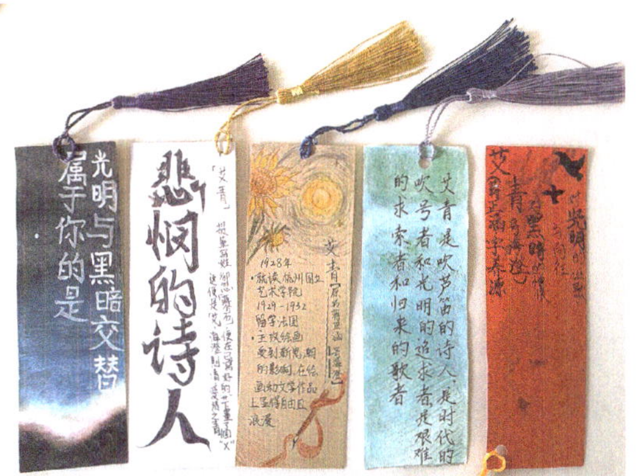

图2

任务二：做批注，品语言

为了帮助读者更好地读懂艾青的“昭昭赤子心”，新版《艾青诗选》准备给每一首选诗加上批注。请你以编辑的身份，选择一首诗，选择2—3种批注方式，给诗歌作批注。

批注方式

批注，指阅读时在文中空白处对文章进行批评和注解，作用是帮助阅读者掌握书中的内容，深入思考。批注的位置可以是“眉批”“首批”（批在书头上），也可以是“旁批”“侧批”（字、词、句的旁边，书页右侧），还可以是“尾批”（批在一段或全文之后）。常用的批注方法有感想式批注、质疑式批注、联想式批注、评价式批注、补充式批注。

设计意图：批注是我国传统的读书方法，也是文学鉴赏、批评的重要形式。此任务邀请学生以小编辑的身份，选择一首诗，根据自己的理解或参照相关材料，选择2—3种批注方法给诗歌做批注。本设计旨在让学生通过写批注，注意诗歌的表现形式，品味诗歌语言。

学生作品：

镜　子

艾青

仅只是一个平面
却又是深不可测
它最爱真实
决不隐瞒缺点　表现了镜子的特点。
它忠于寻找它的人
谁都能从它发现自己
或是醉后酡颜
或是鬓如霜雪
有人喜欢它
因为自己美
有人躲避它　两相对比赞扬了坦荡率真的性格，
因为它直率　又批判了不敢面对现实的丑恶现象。
甚至会有人
恨不得把它打碎

联想：“镜子逛过大街，现在，它到了我的住处，
当我打开家门时，我看见了，我正在打开家门”——何小竹
同样描绘镜子，艾青展现了镜的真实，
而何小竹展现镜的灵动

冬日的林子

艾青

我欢喜走过冬日的林子——　中心句
没有阳光的冬日的林子
干燥的风吹着的冬日的林子
天像要下雪的冬日的林子　“没有……的林子”反复出现，使诗中带来气势与节奏，
没有色泽的冬日是可爱的　又显出纯粹、宁他的情感。
没有鸟的聒噪的冬日是可爱的
冬日的林子里一个人走着是幸福的
我将如猎者般轻悄地走过　体现了诗人寡静的性格
而我决不想猎获什么……

1939年2月15日

联想：“它们说‘你来到这个世界也可以做同样的事，轻松行走，让光充满自己，也让自己发出亮光。’”——玛丽·奥利弗
同样是漫步林子，艾青感到的是清静幽静的氛围，
而玛丽感受到了阳光与活力。

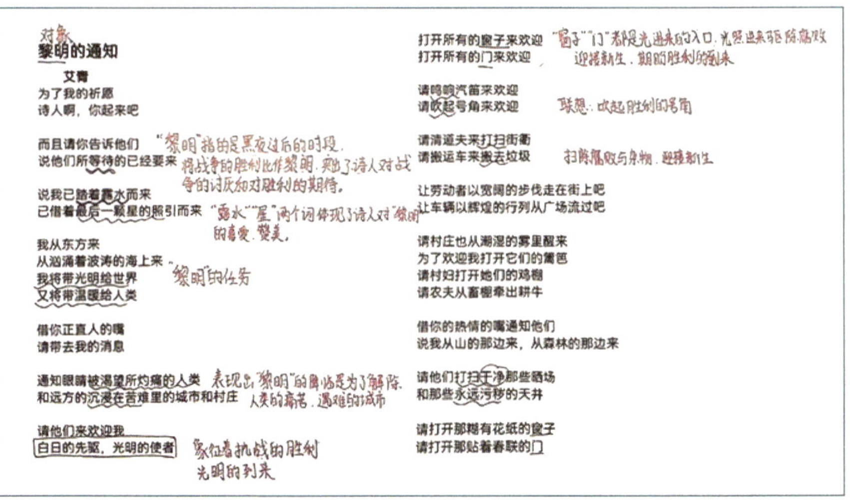

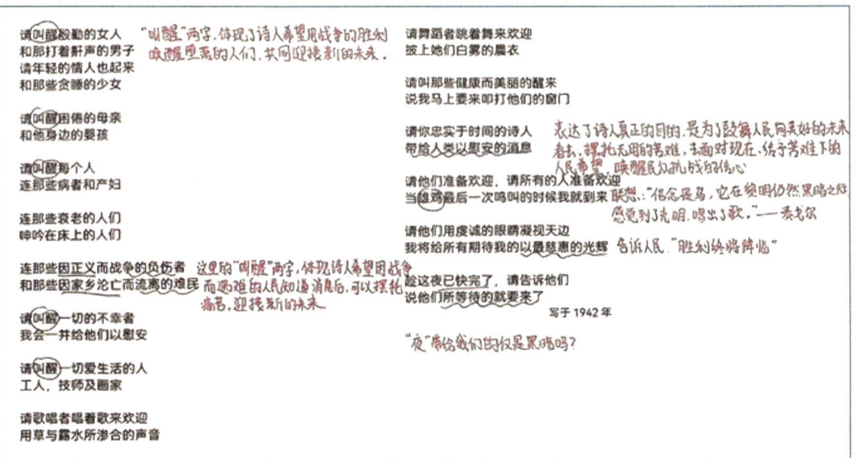

图3

任务三：读意象，绘腰封

诗歌的意象凝聚着诗人对生活的独特的感受、观察和认识，和诗人的独特的思想和感情。艾青在诗歌中创造了土地、太阳、火把等系列意象，这些具有民族文化特征和时代精神内涵的“艾青式意象”，是中国百年新诗的重要遗产。解读这些意象，有利于读懂诗歌的精神内核。出版社计划在新版《艾青诗选》中以意象为主题制作新书的腰封。请你根据下列要求，完成腰封的设计与制作。

腰封的内容：此腰封分为图像与文字两部分，先研读《艾青诗选》完成"意象分析表格"，再选1—2种意象绘制腰封的图画，并配上合适的文字，使设计达到图文并茂的效果。

腰封总长48厘米、宽8厘米，书脊及勒口宽度可自定。

腰 封

腰封也称"书腰纸"，图书附封的一种形式，是包裹在图书封面中部的一条纸带，属于外部装饰物。腰封一般用牢度较强的纸张制作。包裹在书籍封面的腰部，其宽度一般相当于图书高度的三分之一，也可更大些；长度则必须达到不但能包裹封面的面封、书脊和底封，而且两边还各有一个勒口。腰封上可印与该图书相关的宣传、推介性文字。腰封主要作用是装饰封面或补充封面的表现不足。一般多用于精装书籍。

表2

诗歌篇目	意象	意象意义
示例：《我爱这土地》	暴风雨所打击的土地	象征正遭受欺凌的祖国

设计意图：此任务要求学生以"艾青式意象"为主题制作新书的腰封本设计，通过制作腰封的形式，引导学生具体分析诗歌中的意象及其象征意义，从而了解新诗的艺术格式，感悟诗歌情感。

学生作品：

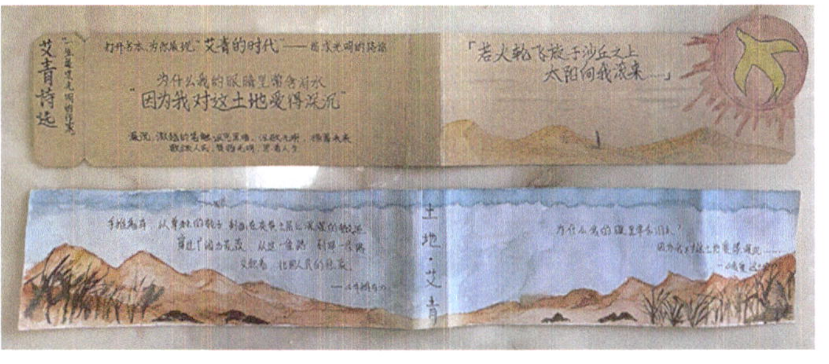

图4

任务四：设脚本，诵诗情

新版《艾青诗选》最大的特色是一本“有声诗集”。诗集中每一首诗后面都附有一个二维码，读者可以通过扫描二维码获取诗歌的朗读音频。为保证朗读质量，在录制前，编辑需要给选诗写好朗读脚本。请你参与编辑活动，选择一首诗，标注出朗诵的节奏、停连、重音等，完成朗读脚本。

朗读要素标记符号与说明

1. 停连：一般短停顿用“/”；长停顿用“//”；连续用“⌒”。

2. 重音：重读用“.”（实心圆点）；尾音拖长用“—”。

3. 语调：平调不标；升调用“↗”；调降用“↘”；渐弱用“>”；渐强用“<”；韵脚用“△”。

4. 节奏和感情，用汉字说明。

设计意图：此任务要求学生选择一首诗，根据自己的理解或参照相关材料，标注出朗诵的节奏、停连、重音等，完成一个朗读脚本。学生在前三个任务的基础上，在朗诵时通过重音、停连、节奏等，把握诗歌的感情基调。本设计旨在让学生在诵读中理解诗人的情感，感受诗歌的艺术魅力。

学生作品：

复活的土地

艾青

腐朽的日子
早已沉到河底，　“河底”两字略微低沉，读出有点消沉的感觉
让流水冲洗得　“让流水”三字声音微往上扬，体现欢喜的心情
快要不留痕迹了；　“痕迹了”咬字变轻，感觉是轻巧的，欢快的

河岸上
春天的脚步所经过的地方，
到处是繁花与茂草；
而从那边的丛林里
也传出了
忠心于季节的百鸟之　“繁花”“茂草”“高亢”声音向上扬，
高亢的歌唱。　声音带着些欣喜的感觉

播种者呵　“呵”字拉长，表示感叹
是应该播种的时候了，
为了我们肯辛勤地劳作
大地将孕育
金色的颗粒。

就在此刻，
你——悲哀的诗人呀，
也应该拂去往日的忧郁，　“往日的”三个字稍有些阴沉，“忧郁”二字加重，作强调
让希望苏醒在你自己的　“自己的”三字也微加重，尾音有上挑
久久负伤着的心里：

因为，我们的曾经死了的大地，
在明朗的天空下
已复活了！　“已复活了”声音上扬，表示激动与欣喜
——苦难也已成为记忆，
在它温热的胸膛里
重新激流着的　“在它”开始，语调变缓，“战斗者的”稍快，
战斗者的血液。　“血液”二字加重

1937年7月6日 沪杭路上

光的赞歌（节选）

艾青

每个人的一生
不论聪明还是愚蠢
不论幸福还是不幸
只要他一离开母体
就睁着眼睛追求光明　“追求光明”读出满怀希望的氛围，
世界要是没有光　“没有光”读出低沉、失落的感觉，
等于人没有眼睛
航海的没有罗盘　“没有……没有……没有”节奏变得急促，表现
打枪的没有准星　紧张、急迫的声音，
不知道路边有毒蛇
不知道前面有陷阱
世界要是没有光
也就没有杨花飞絮的春天　“杨花飞絮”到“金果满园”声音
也就没有百花争艳的夏天　慢慢上扬，表现出活力
也就没有金果满园的秋天
也就没有大雪纷飞的冬天　“也就没有”到“冬天”渐渐放慢平缓

世界要是没有光
看不见奔腾不息的江河　从第一个“看不见”到第四个，
看不见连绵千里的森林　声音慢慢低落，感到无奈、
看不见容易激动的大海
看不见像老人似的雪山
要是我们什么也看不见
我们对世界还有什么留恋　“留恋”拉长音调，声音低落，感到失落和可惜

图5

任务五：研专题，寻新知

新版《艾青诗选》为了更具有启发性，在书里设计了下拉页。该下拉页为

关于《艾青诗选》陌生化的语言与画面感的两个专题探究，用以帮助读者深化对艾青诗歌风格的理解。请你选择其中一个专题参与完成专题探究活动。

诗歌的语言陌生化与画面感

所谓“陌生化”，通俗点讲就是“换一种说法”，以陌生表现熟悉。我们在叙写或陈述我们常见的事物或道理时，不用大多数人习惯采用的说法，而采用一种与众不同的独特的表现语言。诗歌语言陌生化主要类型有倒序、反衬、借代、反复等。

诗歌的画面感是指读者在阅读诗歌时所获得的联想，能够使人身临其境。色彩是形成画面感的重要元素。在描写景物、人物或其他事物的时候，通过色彩的描绘，可以形成更好的画面感，传递我们的情感意向。

设计意图：本设计旨在让学生通过分析诗歌陌生化的语言和独特的画面感，加强对诗味的体会，从而了解现代诗的艺术特色，加深对诗歌内涵的理解。

学生作品：

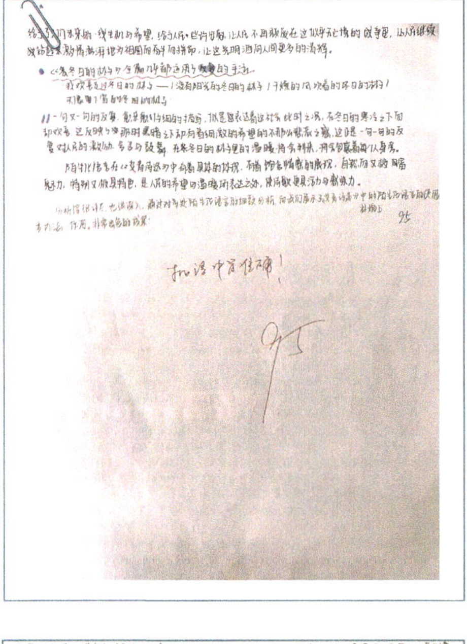

图6

任务六：学笔法，写诗歌

诗是心灵触动的音符，是情感流动的旋律。新版《艾青诗选》的后记处开辟了一个版面，留给读者创作诗歌，记录生活与感悟。请你也大胆尝试，体会诗歌创作的快乐吧！

怎样写诗

诗歌是情感的抒发。生活中的人、事、物，都可能触发我们的情感，将这种情感分行写出来，就有诗的模样了，如果再适当融入联想和想象，就有诗的味道了。写诗可以直抒胸臆，也可以借助具体可感的形象来抒写情志，更多的时候二者是有机地结合在一起的。写诗，还要注意语言的简洁、凝练，注意节奏。古代诗歌很讲究韵律和节奏，现代诗歌虽然形式比较自由，可以押韵，也可以不押韵，但也要注意保持一定的节奏，让人读起来朗朗上口。

设计意图：本设计旨在激发学生诗歌创作的热情，学习锤炼语言，记录生活点滴，体会诗歌创作的甘苦。

学生作品：

我爱这土地

作者：李旖珂

假如我是一缕云
我也应该有一个放荡不羁的灵魂
在这天际自由驰骋
于喜马拉雅之巅　俯瞰众生
借道光影　氤氲一个美丽的黄昏
——然后我飘散了
躯壳化作甘霖　滋润这土地
灵魂却永生不息
仍是那抹绮丽
投影在大地的波心

我看

作者：黄嘉豪

我看寂寥的月轮
显现星点的月蚀
我看月光洒下的辉影
黑暗掠过了月魂

我看流水桥旁
浮舟被水涡推转
我看岸角上一株青草
那是静谧的孤独

不知何时

陈 宇

不知何时，我想
我想飞入空中　为你摘一束清风
我想扑入黑暗　为你装一杯星光
我还想　飞进你的梦乡
为你点洒月桂的芬芳
不知何时起，皎月
皎月都变得黯淡
痛苦，痛苦都开始腐烂
只剩与你的一曲笙歌
和　你喜爱的白鸽
不知从何时起　少年啊
少年的心中满是惆怅
清泪，清泪从心中滑落
梧桐，梧桐跳着最后的舞蹈
海边　海边坐着一位少年
手握笙笛　吹着思念　吹着远方
只为那远去的身影
和　你喜爱的白鸽
不知从何时起　少年啊
少年的心中满是惆怅
清泪，清泪从心中滑落
梧桐，梧桐跳着最后的舞蹈
海边　海边坐着一位少年
手握笙笛　吹着思念　吹着远方
只为那远去的身影

送友人——给JMH

陈婉玉

相逢你的季节
我相逢了
一缕桂香
至今难忘
我与你的季节
来不及上色的幻想
至今莽莽
你与他的季节
我枕着月光
听一江春水的惆怅
失去你的季节
那么悠长
悠长……
你怎忍心令我
独自彷徨
彷徨……

坟与花

李博扬

行脚的路人放下包袱
倒在了黄昏的尽头
他的面前 是一座坟
白色的花岗岩
经时间的冲刷 字迹斑斑
是谁倒在了这里
和他一样的路人吗
他心中是否和他一样
一直有一个呼唤的声音
向这儿走
直到他看见了坟
他绝望了
不解命运为何要这样开玩笑
黑夜吻别了白昼
在星空中沉默
第二天早晨
坟前又立起一座大理石墓碑
埋葬了一个人的包袱和他自己
但他的灵魂与思想从坟中走了
出来
去到世界的尽头
没有黑夜与白昼
只有一片开满鲜花的山坡

是什么让你皱了眉

王思琪

是什么让你皱了眉，我的孩子？
是那夜空不够黑吗？
如果是，
我愿意为你当一次粉刷匠。
是那花朵不够香吗？
如果是，
我愿意为你当一次园丁。
是因为春天来得不够早吗？
如果是，
我愿意把整个春天都搬来藏在
你小小的眼里。
是什么让你皱了眉，我的孩子？

再和我说说话吧

康子琦

再和我说说话吧
我想听清你的呢喃
黄昏无上华美 白昼跌入银河 月色倒倾着
我会令风扬起我所有的浮絮
以便清晰地去触碰你的每一个音节
哪怕那些字符岌岌可危
下一秒就会随你沉入深海
等到你的话都说完了
我慢慢松开你的衣袖
只有沉云霭霭继续流浪
月将坠落 夜将消失
我们看着彼此水波暗涌的眼睛
然后潜入各自的海域
再和我说说话吧
我想听清你的呢喃
以自由之名
漆黑的白昼里
一个女子 穿着红裙
在尘土里起舞
苍白的脸 看不清 摸不到
唯有一抹无比清晰的笑容
赤裸的足上是点点泥斑
仍跃动着她
华美的红裙

九年级

下册

观儒林众相，品人生百态

——《儒林外史》整本书阅读学习任务群

佛山市顺德区陈村镇初级中学　周素芳

一、教材分析

《儒林外史》是部编版九年级语文下册必读名著，也是中国清代作家吴敬梓先生的长篇代表作，课本将本书的阅读定位为“讽刺小说的阅读”。

（一）作者简介

吴敬梓（1701—1754），字敏轩，号粒民，晚号“文木老人”“秦淮寓客”，清代小说家。生于安徽省全椒县豪宦之家，5岁读书，18岁考取秀才。此后三次参加乡试均以失败告终，进而对科举制度产生了深深怀疑甚至厌恶。其父死后，变卖家族田产房产，迁居南京，与族人断绝关系。乾隆初荐举博学鸿词，托病不赴，晚年穷困潦倒，54岁在扬州逝世。工诗词散文，尤以长篇小说《儒林外史》成就最高，又有《文木山房集》《文木山房诗说》等。

（二）内容梗概

《儒林外史》是我国一部著名的古典长篇讽刺小说，主要描写封建社会后期知识分子及官绅的活动和精神面貌，成功塑造了生活在封建末世和科举制度下的封建文人群像，反映了封建社会末期腐朽黑暗的社会现实，批判了八股科举制度，揭露了反动统治的罪恶和虚伪。

首先，整书开篇以王冕“视功名如粪土”为楔子“敷陈大义”，对历史上王冕追求功名的旧事一概不提，塑造了一个高大的形象，然后描写的是周进、范进、王惠、荀玫等一批八股学士，他们都不再是光鲜亮丽的形象。其次，《儒林外史》中大着笔墨的便是蘧公孙、娄公子等一批官宦之后了，也不过是附庸风雅之辈，接着又引出马二先生、匡超人等一批人物，坑蒙拐骗，混迹“文坛”。最后，作者写下琴棋书画四大奇人，勉力维持。结尾借“幽榜”回应“楔子”，首尾呼应，浑然一体。

（三）文本价值分析

1. 思想艺术价值

（1）独特而进步的女性观

《儒林外史》在描写士人的同时，也塑造了个性鲜明的女性形象。如干练机警、独立自强、有反抗精神的沈琼枝，痴迷八股举业的鲁小姐，地位卑微的妓女聘娘。这些女性着墨不多，但是沈琼枝留给历代读者的印象，丝毫不逊色于文中的男子。其中，文中描写杜少卿夫妇带着孩子外出游玩，大醉后与妻子携手游山，惹得众人围观。他敬重沈琼枝，将其带回家让她对自己妻子诉说遭遇。从这可以看出作者尊重女性的思想，这在当时是非常独特而进步的。但是，《儒林外史》最终表现的还是女性悲剧，如为夫殉节的王玉辉女儿，嫁给鲍廷玺的王太太，出家的聘娘，控诉了封建礼教对女性的摧残和对人性的漠视以及社会黑暗对人性的戕害，在呼唤女性的人格尊严方面具有典型的现实意义。

（2）树立远大的爱国理想

泰伯祠大祭具有浓重的象征意义，与“功名富贵”这一主旨相呼应。而大祭的仪式，又是对儒家礼乐治国思想的强调。但是泰伯祠最终荒废败落，屋塌门倒，大祭也不过是后人不断缅怀的掌故。泰伯祠大祭之后，书中详写了萧云仙破敌取城、春郊劝农、兴办教育的业绩。还有一个野羊塘大战、歌舞地破敌的汤镇台与萧云仙相映照。这体现了受清代“颜李”学派影响的吴敬梓注重“礼乐兵农”实学，反对空谈的思想。

这意味着这些改造社会的理想，最终也不过是无法实行的梦想。这也激励着我们去寻找改造社会的良方，有利于学生树立远大的爱国理想。

书中还有其他的诸如地域文化、饮食文化的描写，也可以让学生增长见识，开阔视野。

2. 文学艺术价值

（1）散而不乱的长篇艺术结构

“散”表现在全篇没有“主干”，就是没有贯穿全书的中心人物和主要情节，但事实上，它有一条极为明确的思想线索：反对封建科举、封建礼教，因热衷功名而造成的极端虚伪的社会风气。如被科举毒害的知识分子周进、范进，被封建礼教毒害的王玉辉，还有杨执中、权勿用、张铁臂等装腔作势乃至招摇撞骗之类冒充名士，都反映了当时世俗风气的败坏。

（2）情节一波三折，跌宕起伏

如范进中举后“疯了”的描写，让范进的角色清晰地印刻在每一个读者心中。典型的情节描摹了科举迷的畸变心灵，诉说着封建制度的吃人本质。

（3）经典的讽刺文学艺术

作者善于运用夸张、白描、对比等手法和典型细节化、人物性格多元化、语言的典型化等手法来表现讽刺效果。如第五回写严监生之死，死前还“伸着两个指头”不能咽气。作者将情节放大，造成难解的谜，最后由他的妻子赵氏将谜底揭开这个细节属于夸张，但它异常生动、深刻地揭示了严监生爱财如命，辛辣地讽刺了这个悭吝的地主。

（4）善于运用口语

对话中有时引用谚语、歇后语，也能恰切自然。例：第14回马二先生在酒店里同差人商议要替蘧公孙赎枕箱，差人的话：“……我也只愿得无事，落得‘河水不洗床’，但做事也要‘打蛇打七寸’之妙。你先生请上裁！……”差人闹了道：“这个正合着古语，‘漫天讨价，就地还钱’。我说二三百银子，你就说二三十两，‘戴着斗笠亲嘴，差着一帽子！’怪不得人说你们‘诗云子曰’的人难说话！这样看来，你好像‘老鼠尾巴上害疖子，出脓也不多！’倒是我多事，不该来惹这婆子口舌！”差人这番话，俗语、歇后语信手拈来。

二、教学目标

（1）阅读整本书，对《儒林外史》的人物、情节、场景等多方面内容进行梳理。

（2）鉴赏小说复杂而矛盾的人物形象，体会作者在人物形象上所寄寓的褒贬之情。

（3）品味作品的讽刺艺术，体会作品背后的悲剧内涵。

三、学情分析

《儒林外史》是部编版教材九年级下册推荐阅读篇目，没有贯穿全书的中心人物和主要情节，而是由众多故事连缀而成，表现的是普通士人日常生活的生存状态与精神世界。小说通过刻画奔走于科举道路上的众多士人形象，对封建科举制度和整个封建社会的“儒林”做出了深刻的批判。

首先，九年级学生已经具备了一定的阅读能力和思辨能力，但由于年代久远，书中描写的一些具体制度和风物，今日读来或许会让学生感到隔阂，阅读时需要适当参阅资料，以更好地理解作者讽刺的笔法，把握作品主旨。其次，学生对书中人物的赏析更多地停留在单个人物的基础上，缺乏对整本书人物群体的把控。基于这种情况，有必要引导同学们更深入、科学地整体把握《儒林外史》的人物，从人物群像的角度来指导学生赏读《儒林外史》的人物形象。最后，品味作品的讽刺艺术，体会作品背后的悲剧内涵，把课堂所学知识运用于事件，解决阅读中的问题，强化能力训练。

四、阅读规划

表1

阅读阶段	阅读活动		
第一阶段：分步阅读活动	第1周	阅读1—14回	重点人物：王冕、周进、范进、严贡生、严监生、蘧公孙，完成学习任务
	第2周	阅读15—28回	重点人物：马二、匡超人、潘三、牛玉圃、牛浦、鲍文卿，完成学习任务
	第3周	阅读29—42回	重点人物：鲍延玺、季苇萧、杜慎卿、杜少卿、虞博士、郭孝子、萧云仙、庄少光，完成学习任务
	第4周	阅读43—56回	重点人物：汤总镇、杜少卿、王玉辉、万中书、凤四老爹、陈木南、四奇人，完成学习任务
第二阶段：整书梳理及阅读展示	第5—6周	整书内容回顾及梳理	1. 梳理整本书内容，展示之前的阅读活动成果； 2. 进行思辨性阅读，提升对本书的整体价值判断

五、学习任务群设计

（一）任务群导航

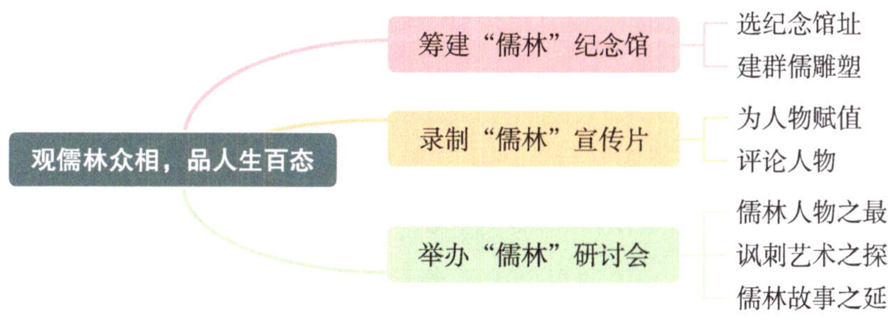

图1

（二）学习任务群设计

情境创设：2023年是清代文学家吴敬梓诞辰322周年，风行文化传播公司拟选址建设“纪念吴敬梓”纪念馆，并开展一系列纪念活动，请你一起参与项目活动。

任务一：筹建“儒林”纪念馆

（1）选纪念馆址

“纪念吴敬梓”的系列活动之一，是筹建“儒林”纪念馆，有的人认为应该选择南京，有的人认为应该选择安徽全椒，请你帮忙选择建馆地址，并说明理由（提示：可以从《儒林外史》作品角度或作家吴敬梓角度来思考）。

设计意图：引导学生通过选择建立文化广场的地址，了解作品及作者吴敬梓。

学生作品：

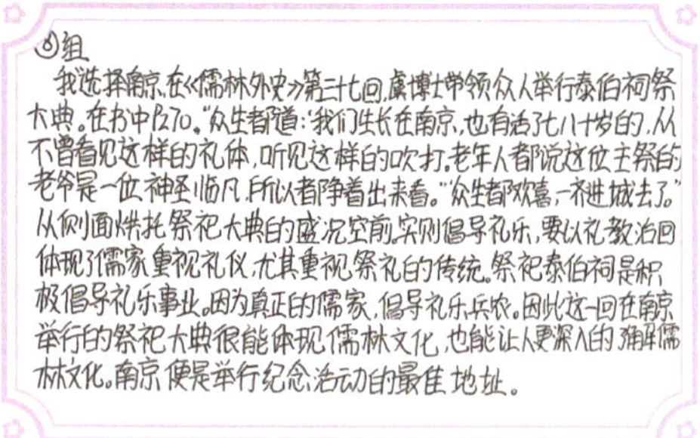

⑤组

我选择南京。在《儒林外史》第三十七回，虞博士带领众人举行泰伯祠祭大典。在书中P270。“众生都道：‘我们生长在南京，也有活了七八十岁的，从不曾看见这样的礼体，听见这样的吹打。老年人都说这位主祭的老爷是一位神圣临凡，所以都挣着出来看。’众生都欢喜，一齐进城去了。”从侧面烘托祭祀大典的盛况空前。实则倡导礼乐，要以礼教治国体现了儒家重视礼仪，尤其重视祭礼的传统。祭祀泰伯祠是积极倡导礼乐事业。因为真正的儒家，倡导礼乐兵农。因此这一回在南京举行的祭祀大典很能体现儒林文化，也能让人更深入的了解儒林文化。南京便是举行纪念活动的最佳地址。

图2

（2）建群儒雕塑

纪念馆东西两侧将各建设一个“儒林雕塑广场”，以展示小说《儒林外史》中的“儒林百态图”。

东侧将设计为“群儒图”，请你完成下面的设计任务：

设计分类“解说牌”：将不同的儒生进行分类，为每一类儒生群前设计一个“解说牌”，“解说牌”上撰写一段“解说词”。提示：每类儒生特点概括说明，要有自己的分析、归纳、评价。

制作群儒人物信息卡：在纪念馆各展区，对入选的儒生摆放写真图像，请你为每一幅写真图制作“人物卡信息”，“人物信息卡”必备要素：人物姓名、身份、主要经历、人物点评；此外，选材、版式、构图等可自由创意。提示：可自行设计版面。

备选儒生：王冕、周进、范进、严监生、严贡生、汤奉、王惠、王仁、王德、娄三、娄四、鲁编修、鲁小姐、马纯上、匡超人、牛布衣、牛浦郎、鲍文卿、杜少卿、杜慎卿、迟衡山、庄绍光、沈琼枝、市井奇人。

设计意图： 让学生关注并分析书中不同类别的儒生人物，了解人物性格，理解作者对不同“儒生”所持的感情态度，以此理解作品主题。

学生作品：

① 分类解说词

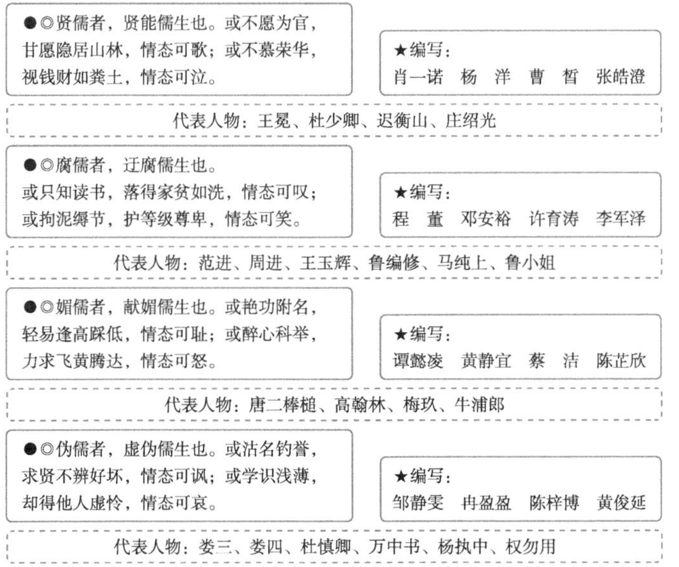

图3

② 人物信息卡

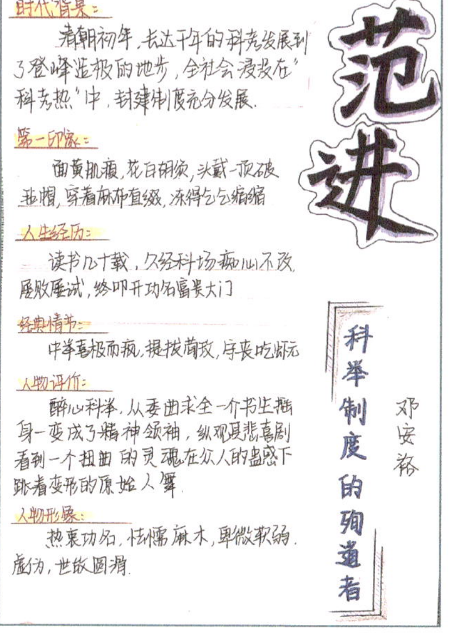

图4

任务二：录制“儒林”宣传片

“纪念吴敬梓”的系列活动之二，是要录制一期《儒林外史》人物宣传片，在设计宣传片的时候，因书中没有贯穿全书的中心人物和主要情节，不知道该如何设计会有更好的宣传效果。请你帮忙设计，并说明理由。

（1）为人物赋值

请选择小说中某个人物的至少一个点（如德行值、权力值、雅量值、社交值等），为他们赋值（把能得到的星星数涂上颜色），选出每一类赋值排名最高的人物入选为宣传片中的主要宣传人物，并在原著中找到相应依据。

表2

人物	德行值	权力值	雅量值	社交值	是否入选
	☆☆☆☆☆	☆☆☆☆☆	☆☆☆☆☆	☆☆☆☆☆	

设计意图：引导学生进一步阅读与人物相关的情节内容，加深对人物形象的分析理解。

学生作品：

人物	德行值	权力值	雅量值	外交值	是否入选
王冕	☆☆☆☆	☆	☆☆	☆☆	是
杜少卿	☆	☆☆		☆	是
虞博士	☆☆☆☆	☆☆☆	☆☆	☆	是

①王冕孝顺体贴，选择为别人放牛，体谅母亲的辛苦。②虞博士襟怀冲淡，仁义。③杜少卿给鲍廷玺一百两银子助其重操旧业。

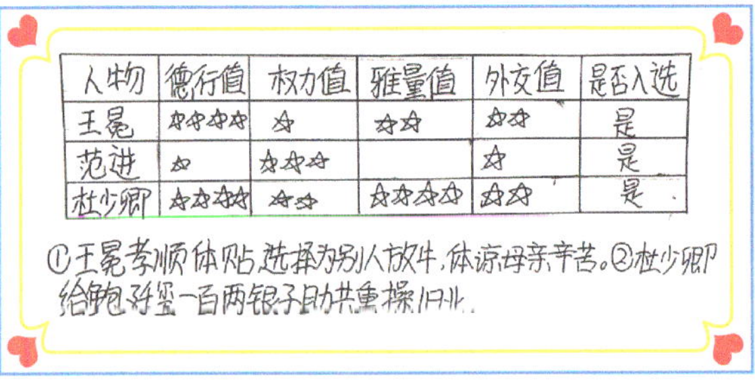

人物	德行值	权力值	雅量值	外交值	是否入选
王冕	☆☆☆☆	☆	☆☆	☆☆	是
范进	☆	☆☆☆		☆	是
杜少卿	☆☆☆☆	☆☆	☆☆☆☆	☆☆	是

①王冕孝顺体贴，选择为别人放牛，体谅母亲辛苦。②杜少卿给鲍廷玺一百两银子助其重操旧业。

图5

（2）评论人物

宣传组把宣传片发到微信朋友圈，让同学们在评论区留言写下自己观看宣传片后的感受。网友小红留言表示，自己对宣传片中最先出场和最后出场的人物的先后顺序、安排用意不太理解。请你结合《儒林外史》文本内容，帮忙在评论区解答。

留言内容：宣传片出场的第一个主要人物是王冕，但是王冕与小说后面章节的人物关联不大；主要故事是儒林士人的各种丑态，宣传片结尾以四位市井奇人压轴。为什么这样安排呢？

设计意图：引导学生将真儒士与假儒士对比，了解真儒士的精神品质，把握作者把理想寄托在真儒士身上，表达对美好社会的追求和向往的思想感情，从而理解作品写作目的。

学生作品：

3. 写评论
答：《儒》的主题 ①批判八股科举与功名富贵论，指摘恶浊世风与时弊
②倡导并践行改造社会的礼乐兵农教养，盛赞推行礼乐教养的杜少卿等，体现作家在倡行礼乐兵农教养受挫无望后理想与追求的转移，一转向市井新兴自由化人物。

写评论
答：《儒》的主题：①批判八股科举与功名富贵论，指摘恶浊世风与时弊。②倡导并践行改造社会的礼乐教养，盛赞推行礼乐教养的杜少卿等。
体现作家在倡行礼乐兵农受挫无望后理想与追求的转物——转向市井新兴自由文化人物。

图6

任务三：举办“儒林”研讨会

“纪念吴敬梓”的系列活动之三，是邀请文化界名人、专家、学者齐聚一堂，举行《儒林外史》文化研讨会，进一步挖掘这部讽刺小说的艺术精髓。

（1）儒林人物之“最”

研讨会人物探究组，以“儒林人物之‘最’”为核心问题，经过头脑风暴，大家提出了：命运最跌宕的人物——鲍廷玺、性格最可悲的人物——王玉辉、境遇转变最大的人物——匡超人、最醉心科举的人物——周进、最高洁的人物——王冕、最勇敢的女性人物——沈琼枝等，请结合小说内容，说说你心目中的“儒林人物之最”。

设计意图：以“最”作为切入点，分析典型人物的形象，引导学生关注文本，引发进一步思考，从而培养学生的思辨能力。

学生作品：

◎最符合作者心中读书人应有形象的人物：王冕

王冕是一个乡间的穷苦学子，七岁丧父，由母亲抚养长大，他懂事、体贴，随了母亲的话为隔壁的秦老放牛，以补贴家用。他勤奋好学，在放牛的过程中不忘读书，并自学画画，学画的天赋也高，在乡间因画无骨，他由画出了名，他们的生活也开始富裕。他不慕名利，不贪功名，不愿意见危素，为了避免被朱元璋邀请当官，隐归会稽山。王冕是一位真正的“儒林”，他拥有读书人最美好的品质，把他放在楔子里，是为了与下文的“读书人”形成对比，揭示当时科举制度的腐败。

◎最醉心科举的人：周进

考了几十年的学，从青丝少年到白发老头，周进一直没有放弃科举当官这一条道路，却只是一介童生，被梅玖欺负。在路过贡院时，竟“一头撞向号板”，因为没有中举，悲伤到口吐鲜血，最后旁观的人都看不下去了，为他“纳监进场”，中了进士后一路高升。从周进对科举制度如此痴狂中可看出当时科举制度对读书人的残害，有多少人因为中举当官的梦想白了头?目的却只是一个光宗耀祖、青史留名。他们读书的目的，是不纯洁的，是功利的。这是个人的悲剧，更是时代的悲哀。

最腐朽的人：范进

范进同周进一般，醉心科举，但范进在生活中也不会变通。作为家中的顶梁柱，他为了科举考试，竟让家中人饿了两天。家中无米，母亲已饿得眼冒金星，还要母亲吩咐才拿鸡去换米。卖鸡的过程中，也不懂得吆喝两声，好吸引别人的注意。不仅如此，他还是一个伪孝子，母亲死后，为她守孝，恪守礼仪，不用银著、象牙著，却首先将“大虾元子”夹了。这是科举制下的读书人，他无能，他腐朽、虚假，他悲哀。哺育他的社会，是畸形的。

◎最假的人：严贡生

他在宴中与客人说“小弟只是一个为人率真，在乡里之间，从不晓得占人寸丝半粟的便宜”，转身霸占别人家的猪，还让要猪的人拿钱来赎。他虚假，欺负邻里家乡，这样的人，却博得一个贡生的名头，实在讽刺。

儒林之最，是当时社会的真实写照，是对现实生活的讽刺，是对读书人的嘲讽与怜悯，还有对美好社会、品德高尚的真正儒林的追求与渴望。

图7

（2）讽刺艺术之探

研讨会讽刺艺术组，为了能更好地分析探究小说的讽刺效果，想从对比、夸张和白描三个方面进行微剧本改编。为了更好地呈现效果，请你填写下表进行具体分析。

表3

写作手法	原文摘录	微剧本细节处理
夸张		
对比		
白描		

设计意图：通过分析作品内容，体会作品的讽刺艺术，能够让学生更好地理解文章主旨。用微剧本处理的方式来改编内容，也能更好地激发学生的阅读兴趣。

学生作品：

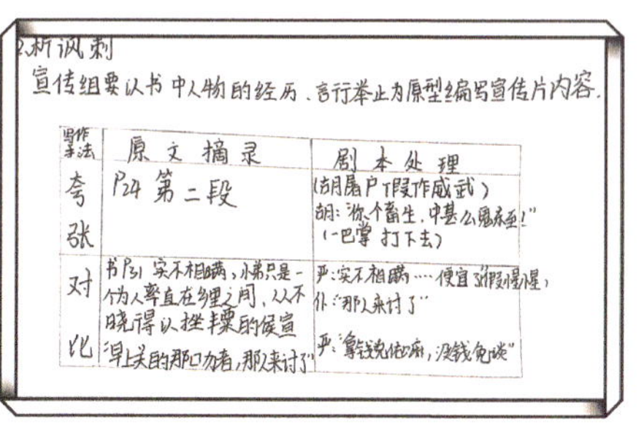

2.析讽刺

宣传组要以书中人物的经历、言行举止为原型编写宣传片内容.

写作手法	原文摘录	剧本处理
夸张	P24 第二段	(胡屠户作威武) 胡:"你个畜生,中甚么老爷!" (一巴掌打下去)
对比	书P31 实不相瞒，小弟只是一个为人率直在乡里之间，从不晓得占人撰的便宜 "早上来的那口猪，那人来讨了"	严:实不相瞒……便宜没取得 仆:"那人来讨了" 严:"拿钱来的,没钱免谈"

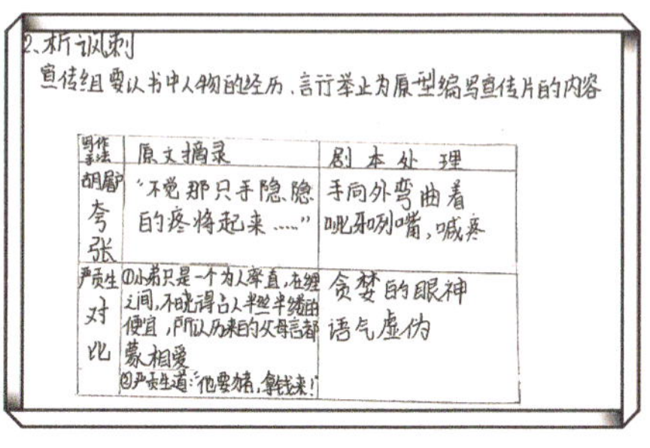

2.析讽刺

宣传组要以书中人物的经历、言行举止为原型编写宣传片的内容

写作手法	原文摘录	剧本处理
胡屠户 夸张	"不觉那只手隐隐的疼将起来……"	手向外弯曲着 呲牙咧嘴，喊疼
严贡生 对比	①小弟只是一个为人率直,在乡里之间,不晓得占人半丝半毫的便宜,所以历来的父母官都蒙相爱 ②严贡生道:"他要猪,拿钱来!"	贪婪的眼神 语气虚伪

图8

（3）儒林主题之“研”

研讨会主题探究组，在大会交流活动中，提出一个问题供大家讨论：你认为当今社会应该如何看待功名富贵？希望大家畅所欲言，结合现实社会，谈谈自己的看法。

设计意图：引导学生进一步深入探究作品主题，通过联系社会实际发表看法，培养学生正确的价值观，从而提升学生的思想素养。

学生作品：

应该如何看待功名富贵?
答:我觉得当今社会不应该过度追求功名富贵,人生也不只有功名富贵,应像王冕一样,虽不是大富大贵,但他却高洁,独立不羁的形象,也可以名垂千古,若一样过度追求名利,就会变得贪婪邪恶,也会像匡超人一样,追求功名富贵。

各抒己见
如何看待功名富贵?
答:看法:我觉得不应该过度追求功名富贵,人生中不止有功名富贵,像王冕一样虽不是大富大贵,可他那洁白自身、光明磊落的高尚精神令人心生敬畏;若过度追求名利富贵就会变得贪婪、自私。

图9

（4）儒林故事之“延”

故事之延：在儒林研讨会期间，大会主办方抛给参与者一个问题：小说中的儒林人士没有故事结局，请你一起参与，任选一个儒士，发挥想象，续写故事。

文化之延：请你帮忙设计一款含有《儒林外史》元素的文化创意产品，赠送给参会人员。

要求：有图稿小样；撰写不少于100字的设计意图。

提示：如头巾、毡帽、斗方、折扇等。

设计意图：让学生在情境中了解书中的文化，重构相关人物事件。不仅能训练学生的思维，还能培养学生的综合素养，以此进一步培养学生的阅读兴趣，促进学生阅读习惯的养成。

学生作品：

①续写故事

范进后传——范进之死

张圮悦

话说范进在县城当官日日与名士高官寻欢作乐，那金杯银盘，早被酒、油等浸失光泽。至于朝廷之令，他只等睡前才匆忙批示应付。纳税之日，他亲自上门骂不交税的穷人。因此，县城上下，百姓对他避而远之，又私下骂他。

一日，范进忽感头晕目眩，想是中举时高兴过度所落下的毛病，于是出府发轿寻医。恰逢胡居户来访，便屈身屁颠跟在后面。那轿子镶金，路人一看是范爷大轿，就躲去一旁；看到跟在轿后的胡居户，以为范爷又抓人了，叹息着。

不久到了名医小店，胡居户连忙将范爷搀出来。范进斜着眼打量着小药店，坐到柜台前，大声嚷嚷着好晕好晕。名医克进一看是范进，便觉沮丧，慢慢拿出枕布，胡乱给范爷摸了几把脉，又想："范进果因日日欢歌艳舞乱了心神。不如趁此机会，骗他尝个苦头，为百姓出口恶气。"于是忽然瞪大眼，作一副惊吓样。范进心生疑惑。克进见此立即说："我尊敬的范爷，小人不敢乱说。您想必是犯了三七，应是那天胡屠户冒犯了您这颗文曲星而造成。欲治，只日服三七半两，黄连十粒，苦灵芝半两，煮滚了喝。若越苦越觉甘，便说明您这病治好了。"说毕，开方送走。胡屠户早被克进的话吓得半死，把范进扶进轿子后拿着药方找药店取药。范爷则只连声叫苦，在轿子里乱踢，众人还以为他又发疯了，抿着嘴笑。

胡居户走了许久，终于看到一间同样破旧的小药店。店主本因有人光顾而高兴，看到是范爷的方子后立马不耐烦地抓了最苦的药材给胡屠户。胡屠户学着范爷日常，挥手撒几个铜子，抓起药大摇大摆地走了。

日后，范爷府上天天弥漫中药味，朋友都不敢来。而范爷只觉药越喝越苦，喝药时药渣呛疾，便咳得猛烈，依旧不见好转，派人去抓克进来打，却没等到就已涌痰而死。看官！谁说百姓很渺小，官若不为民，民亦反官。

沈琼枝后传

程 萱

却说那沈琼枝，在被差人押回的路上，一上岸便操着小脚飞也似的跑了。那两个看着如狼似虎的差人竟也追不上她，上气不接下气地在衙门前停下了脚步。沈琼枝早已等在那，看着气喘吁吁的二人，一扬头，“走吧，我跟你们去见知县”。

杜少卿早有打点。看到两个狼狈的下属和脊背挺直、坦荡荡望自己的沈琼枝，知县哪有什么不明白的。他心里还是知道谁都不能得罪的，又落不下面子，故作姿态，“沈姑娘，这事我已经查明了。是盐商之过，你们俩私下调解便是了”。那盐商从家奴那里一听可就不高兴了，但左右思量，还是不了了之了。

于是那沈琼枝便回了家。她知道如今世道女子地位低，但她还是认为女子不比男子弱。于是她与父亲一商议，开了个小学堂，专门教那些小姑娘习字，教她们要自强。要是有些嚼舌根的人来搅场子，她也照样一把扫帚打出去。众位听客，您说说这沈琼枝，可真是个奇女子！

您要问后来啊？别的说书先生可都不知道，我就在这悄悄告诉您。那街道上的百姓大都纯朴，信人品，哪看什么权势科举？他们都传开了，那沈姑娘啊，不畏盐商，巧拧老妈子逃南京，如今还被当今圣上赏识。至于那盐商嘛，死性不改，吃了瘪还照样强抢民女，后来还得罪了城里的王举人。谁不知道那王举人有财有权的，于是那盐商就被扒出来与沈琼枝这段事，不止如此，还扒出他不少坏事。而你问那沈琼枝呢，嘿，人家与一翩翩公子早已成亲，守着她的道，向世人发出女性的声音呢。

② 文创产品

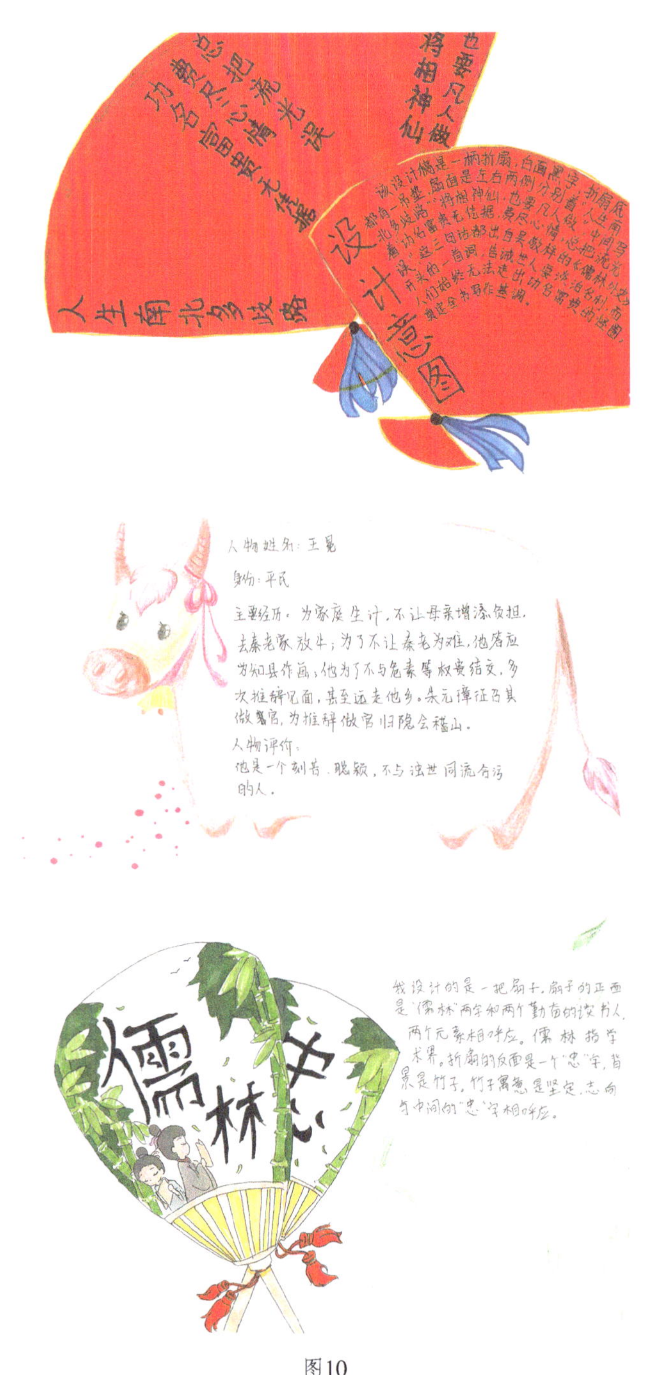
人生南北多歧路
设计意图
人物姓名：王冕
身份：平民
主要经历：为家庭生计，不让母亲增添负担，去秦老家放牛；为了不让秦老为难，他答应为知县作画；他为了不与危素等权贵结交，多次推辞见面，甚至远走他乡。朱元璋征召其做官，为推辞做官归隐会稽山。
人物评价：
他是一个刻苦、聪颖，不与浊世同流合污的人。
儒林
忠
我设计的是一把扇子。扇子的正面是“儒林”两字和两个勤奋的读书人，两个元素相呼应。儒林指学术界。折扇的反面是一个“忠”字，背景是竹子，竹子寓意是坚定，志向与中间的“忠”字相呼应。

图10

为平等而叛逆，为尊严而坚守

——《简·爱》整本书阅读学习任务群

佛山市顺德区第一中学外国语学校　冯尔琳

一、教材分析

《简·爱》是统编教材九年级下册的必读名著，是英国女作家夏洛蒂·勃朗特带有自传色彩的长篇小说，是一部堪称女性文学典范的作品。课本将本书的阅读定位为“外国小说的阅读”。

（一）作者简介

夏洛蒂·勃朗特（1816—1855），19世纪英国女作家。1816年出生于英国一个乡村牧师家庭。童年生活很不幸，五岁时母亲早逝，父亲收入又少，她有两个姐姐、两个妹妹、一个弟弟，全家生活既艰苦又凄凉。8岁的夏洛蒂被送进一所专收神职人员孤女的慈善性机构——柯文桥女子寄宿学校，15岁时，她进了伍勒小姐办的学校读书，几年后又在这所学校当教师。后来她曾做过家庭教师，最终她投身于文学创作的道路。

1847年夏，夏洛蒂·勃朗特出版带有自传色彩的长篇小说《简·爱》，这部作品一问世就轰动了文坛，原因之一是作者奏响了时代的音符。19世纪中叶，英国已经成为强大的工业化国家，取得海上霸主的地位，但当时英国女性还是男性的附庸，他们的婚姻以追求财富地位为目的。夏洛蒂·勃朗特却通过作品为全世界读者呈现出全新的爱情观和婚姻观。

（二）内容梗概

简·爱从小失去父母，寄住在舅母家，幼时受到舅母的虐待，舅母把她送到洛伍德寄宿学校。她不屈服恶劣的环境，坚强地生存了下来。从学校毕业后，到桑菲尔德贵族庄园当家庭教师。简·爱与主人罗切斯特相爱，但在举行婚礼那天，她得知他有一个疯妻子，她不愿做罗切斯特的情妇，于是悄悄离开了桑菲尔德庄园。在她面临被冻死、饿死的时候，青年牧师圣·约翰收留了她，后来简·爱在当地一所小学任教。不久，简·爱得知叔父去世并给她留下一笔遗产，同时还发现圣·约翰是她的表兄，简·爱决定将财产平分。简·爱拒绝了圣·约翰的求婚后，回到桑菲尔德庄园，但这里已是一片废墟。罗切斯特的疯妻子放火烧了庄园，并坠楼身亡，而罗切斯特在火灾中烧伤了眼睛，导致双目失明。突如其来的惊人变故并没能阻止简·爱与罗切斯特相爱的脚步，他们安静地举行了婚礼。简·爱得到了自己理想的幸福生活。

（三）文本价值分析

每一部经典名著都承担着独特的使命，它们对学生个体成长甚至社会发展都有重大的价值和意义，《简·爱》被部编版语文教材列入初中必读名著，有着独特的价值和意义。

1. 发挥语文课程育人功能

《义务教育语文课程标准（2022年版）》要求“在语文学习过程中，逐步形成正确的世界观、人生观、价值观”，《简·爱》这部作品涉及作者的爱情观和婚姻观，并通过作品塑造出简·爱这个自尊、自爱、独立、自主的新女性形象，不但改写了英国传统女性温柔可爱、逆来顺受的形象，也被后世视为现代女性的先驱和楷模，学生通过完成相应的学习任务，逐步形成正确的价值观，培养良好的品格和独立、自强的能力。

2. 培养学生的思维能力

“思维能力是指学生在语文学习过程中的联想想象、分析比较、归纳判断等认知表现”，阅读任务群的整体设计，正好利用学生的好奇心、求知欲去探索创新，符合《简·爱》培育学生的思维能力的特殊诉求。

3. 实现跨学科的互动双赢

《简·爱》本身就是一部外国小说，引导学生尝试阅读英文版《简·爱》，比较原著与译著或不同译著之间语言风格的异同，在阅读和鉴赏中提升语文核心素养，促进能力的进阶发展，打破学科壁垒，实行跨学科课程整合，对接学生发展核心素养，是《简·爱》不容错过的教学策略。

二、教学目标

《义务教育语文课程标准（2022年版）》拓展型学习任务群要求：引导学生在语文实践活动中，根据阅读目的和兴趣，选择合适的图书，制订阅读计划，综合运用多种方法阅读整本书，借助多种方式分享阅读心得，交流研讨阅读中的问题，积累整本书阅读经验，养成良好的阅读习惯，提高整体认知能力，丰富精神世界。《简·爱》的导读定位为掌握外国小说的阅读策略，具体来说是要关注小说的基本元素，如故事情节、人物形象、主题表现等。除此之外还要注意以下几个方面：了解小说的创作背景，理解小说的文化内涵，关注小说的叙事角度，体会小说的语言特点。在此基础上设定了以下教学目标：

（1）激趣，通过完成学习活动，激发学生整本书阅读的兴趣，坚持整本书通读。

（2）掌握梳理故事情节、分析人物形象、体会小说语言特点、提炼小说主题的方法。

（3）通过小说人物成长经历，感受追求自由、平等和独立人格的女性魅力，树立正确的人生观与价值观。

三、学情分析

九年级学生已掌握“圈点勾画”“精读与跳读”“做批注”“快速阅读”等基本的读书方法，可以综合运用这几种读书方法完成作品的阅读，但九年级学习任务重，尤其是理科学习压力大，学生往往会把大量的精力用在理科的学习上，文科的学习时间被严重挤压，急功近利的思想会让学生放弃阅读或选择性阅读。

教学策略：《简·爱》的导读定位为掌握外国小说的阅读策略，设计语文学习任务群，要围绕特定学习主题，确定具有内在逻辑关联的语文实践活动，语文学习任务群由相互关联的系列学习任务组成，共同指向学生的核心素养发展。我们根据课标中关于拓展性学习任务群整本书阅读的教学提示，设计了分回合通读任务群和整本书研读任务群两个阶段的阅读学习任务群，由浅入深，让学生逐个击破，有成就感，从而激发学生阅读外国小说的兴趣。

四、阅读规划

以下为师生共同商定的关于《简·爱》的阅读进度和阅读方法：

表1

	时间	章节	推荐阅读方法
第一周	第一天	第1—4章	①快速阅读、借助思维导图，把握内容，把握文章脉络。 ②圈点批注，品味作品中的优美语言，标注出心中的疑惑。 ③精读跳读结合，根据时代背景分析人物形象
	第二天	第5—8章	
	第三天	第9—12章	
	第四天	第13—16章	
	第五天	第17—20章	
	第六天	第21—24章	
	第七天	第25—28章	
第二周	第一天	第29—32章	
	第二天	第33—35章	
	第三天	第36—38章	

五、学习任务群设计

（一）任务群导航

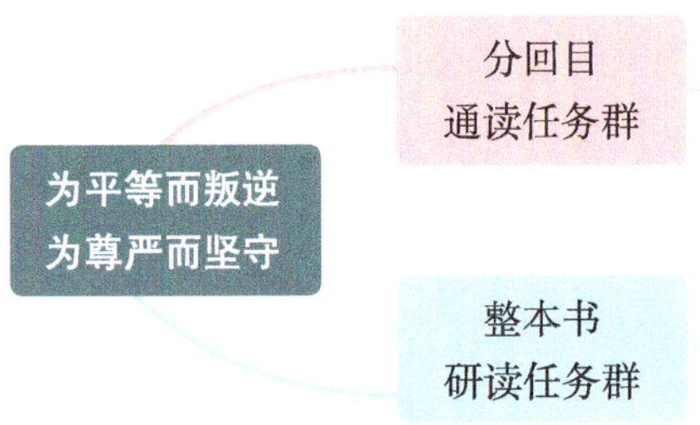

图1

（二）任务群设计

第一阶段　分回目通读任务群

任务一：列举“十大罪状”

阅读第1—4章，完成下面任务。

苦难的童年（盖茨黑德府）——列举简·爱被赶出盖茨黑德府的“十大罪状”。

看电影《简·爱》（1944年版），完成任务：影片一开始，简·爱的舅妈里德太太就要把简·爱赶出盖茨黑德府，里德太太说简·爱坏透了，请你从里德舅妈的角度，结合影片和原著，列举简·爱必须离开盖茨黑德府的“十大罪状”，填写在下面表格里。

表2

条目	关键词	结合影片和原著简述“罪行”
罪状一		
罪状二		
罪状三		
罪状四		
罪状五		
罪状六		
罪状七		
罪状八		
罪状九		
罪状十	打表哥	

设计意图：此活动旨在引导学生梳理归纳简·爱在盖茨黑德府中的经历。以最经典的版本但又删减最多的电影设置悬念，激发学生的阅读探索兴趣。而“十大罪状”的形式新颖有趣，又能检测学生对简·爱在盖茨黑德府的遭遇掌握程度，以及对苦难的童年时代简·爱人物性格的理解，符合九年级学生叛逆的心理特点，容易产生共鸣。

学生作品：

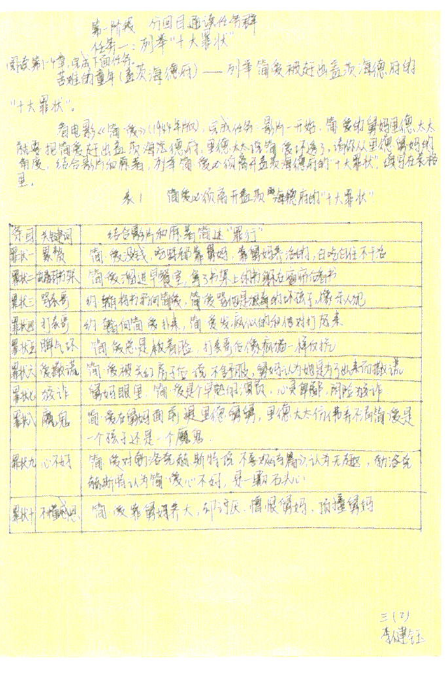

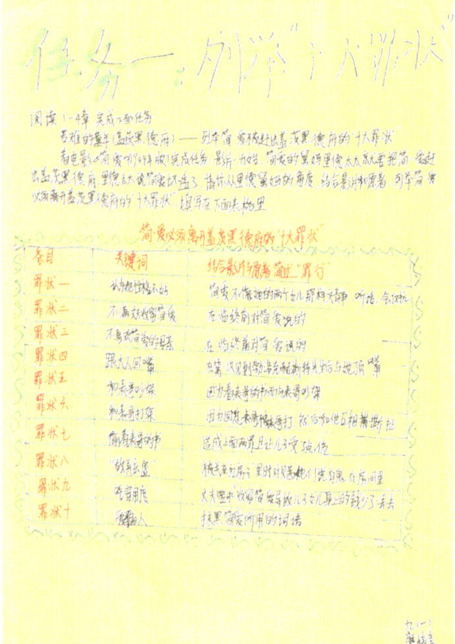

图2

任务二：撰写解说词

阅读第5—10章，完成下面任务。

艰难的成长（洛伍德学校）——为洛伍德学校撰写“校园十景图”解说词。

记者小顺来到洛伍德学校，打算拍摄一组“校园十景”照片，以此反映简·爱在这里的成长经历。请你帮他选择画面，并为每一幅画配上解说词。

要求：

① 图文并茂，构图完整。

② 简单勾画，图片中心事件突出。

③ 解说词尽量详细，清晰描述画面内容。

设计意图：以“校园十景图”解说词的设计来引导学生关注简·爱在洛伍德学校的喜怒哀乐，贴合生活实际，任务驱动性设计在一定程度上能激发学生的创作兴趣，达到以用促读的目的。解说词是很好的写作训练，既能够训练学生的语言表达能力，也能够锻炼学生的空间思维能力。

学生作品：

任务二：撰写解说词

阅读第5－10章，完成下面任务。

艰难的成长（洛伍德学校）——为洛伍德学校撰写“校园十景图”解说词。

记者小顺来到洛伍德学校，打算拍摄一组“校园十景”照片，以此反映简·爱在这里的成长经历。请你帮他选择画面，并为每一幅画配上解说词。

要求：

①图文并茂，构图完整。②简单勾画，图片中心事件突出。③解说词尽量详尽，清晰描述画面内容。

【设计意图】

以“校园十景图”解说词来设计来引导学生关注简·爱在洛伍德学校的喜怒哀乐，贴合生活实际，任务驱动型设计一定程度上能激发学生的创作兴趣，达到以用促读的目的。

漆黑的乌云掩没了夏夜的月亮，死亡的幕纱再次笼罩洛伍德，小简·爱与病重的海伦做最后的告别。海伦用胳膊搂着简，简紧紧依偎着海伦，她们温暖而幸福。温柔的烛光下，是两张平静而可爱的小脸，一个被带入了甜甜的梦乡，一个则带着勇敢而高尚的灵魂被永恒的天国召唤而去。

她们不知道第二天等待她们的是什么，也不想知道。

因为，海伦宽厚、仁爱、好学的品质已化为简爱心灵的一部分，仿佛那个善良的少女，从未离去。

她们永远不会分离了。

初三(2)班
龙钰婷
梁嘉瑶

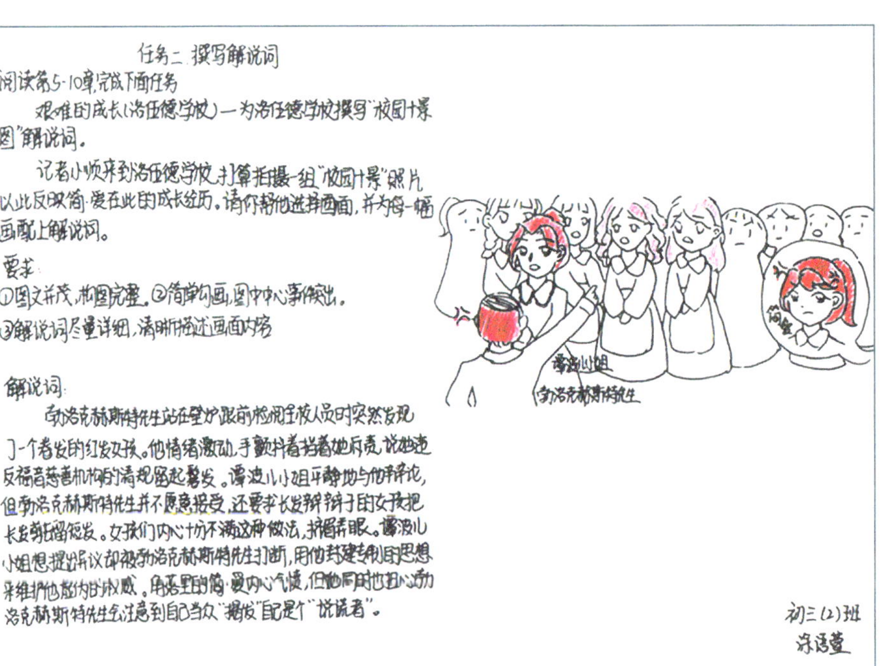
任务二 撰写解说词
阅读第5-10章完成下面任务
艰难的成长（洛伍德学校）——为洛伍德学校撰写"校园十景图"解说词。
记者小帆来到洛伍德学校，打算拍摄一组"校园十景"照片，以此反映简·爱在此的成长经历。请你帮他选择画面，并为每一幅画配上解说词。
要求：
①图文并茂，构图完整。②简单勾画，图中中心事件突出。
③解说词尽量详细，清晰描述画面内容
解说词：
勃洛克赫斯特先生站在壁炉跟前检阅全校人员时突然发现了一个卷发的红发女孩。他情绪激动，手颤抖着指着她斥责，说她违反福音慈善机构的清规留起鬈发。谭波儿小姐平静地与他争论，但勃洛克赫斯特先生并不愿意接受，还要求长发辫子的女孩把长发剪短留短发。女孩们内心十分不满这种做法，拼命眨眼。谭波儿小姐想提出异议却被勃洛克赫斯特先生打断，用他封建专制的思想来维护他所谓的权威。角落里的简·爱内心气愤，但她同时也担心勃洛克赫斯特先生会注意到自己当众"揭发"自己是个"说谎者"。

初三(2)班
许语萱

任务二：撰写解说词
阅读5-10章，完成下面任务。
艰难的成长（洛伍德学校）——为洛伍德学校撰写"校园十景图"解说词。记者来到洛伍德学校，打算拍摄一组"校园十景"照片，以此反映简爱在这里的成长经历。请你帮他选择画面，并为每一幅配上解说词。要求：①图文并茂，构图完整。②简单勾画，图片中心事件突出。③解说尽量详细，清晰描述图画内容。
简·爱在学校的生活步入正轨。海伦的一举一动总可以吸引她。在斯凯契小姐的课堂上，尽管海伦完美地回答了她的问题，但还是会遭到她的惩罚。简·爱为海伦感到十分不公！
她们进行了第一次交谈，简爱向海伦诉说了在舅妈家的遭遇，海伦让简爱忘记那些仇恨，忘掉由此引起的激愤情绪，应该过得快乐些。
从此，海伦·彭斯和简·爱结为了好朋友……
初三(2)

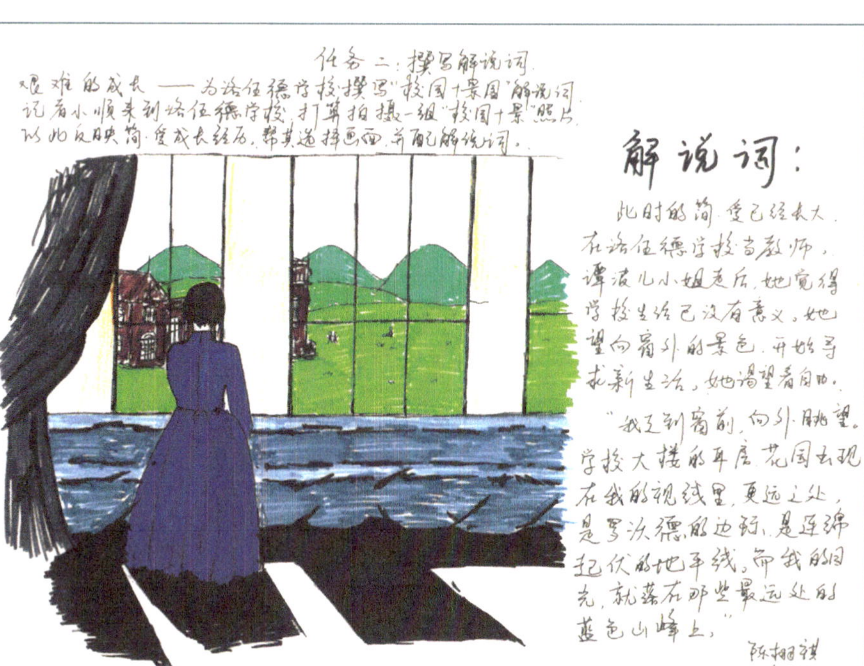

任务二：撰写解说词
艰难成长（洛伍德学校）——为洛伍德学校撰写解说词。
记者小顺来到洛伍德学校，打算拍摄一组"校园十景"照片，以此反映简·爱在这里的成长经历，请你帮他选择画面，并对每一幅图配上解说词。
要求：
①图文并茂，构图完整。
②简单勾画，图片中心事件突出。
③解说词尽量详细，清晰描述画面内容。

谭波儿小姐

简·爱在洛伍德学校，受到布洛克赫斯特的指责，所有人都认为她是个坏孩子时，谭波儿小姐将简·爱叫到自己的住所，她用臂膀搂着简·爱，听简·爱哭诉，为自己辩护，安慰简·爱。谭波儿小姐的住处生着炉火，十分温暖。在洛伍德学校简·爱受尽委屈、困难，但谭波儿小姐就像炉火，温暖着简·爱。在拍摄时，整个场景的色调为暖色调，多采用橙色、黄色、红色的光线，突出温暖、温馨的感觉。画面中，简·爱依偎在谭波儿小姐的怀里，体现一种依靠的感觉，更加突出了谭波儿小姐对于简·爱来说是在洛伍德学校的依靠，对于简·爱谭波儿小姐是个很重要的老师、朋友。

初三2班
王琴诺

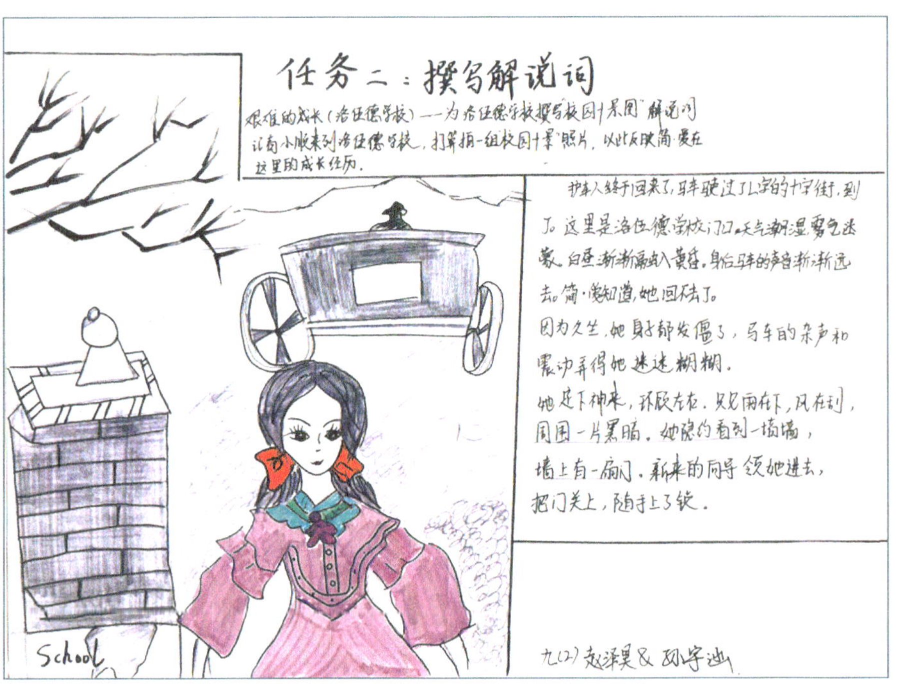

图3

任务三：绘制比读还原卡

阅读第11—27章，完成下面任务。

体验爱情（桑菲尔德庄园）——绘制比读还原卡。

读完《简·爱》，小顺认为：简·爱的故事就是一个灰姑娘故事的变体，你同意吗？请你跟小顺一起完成以下"比读还原卡"（比读角度可以自行增加），最终得出你们的结论——还原简·爱的人物形象。

表3

比读角度	灰姑娘	简·爱	比读感悟
童年生活			
面对欺负			
获得爱情的原因			
面对爱情的原则			
面对金钱的态度			

续 表

比读角度	灰姑娘	简·爱	比读感悟
故事的最后结局			
……			
还原简·爱的人物形象	简·爱是一个		

设计意图：俗话说“不怕不识货，最怕货比货”，通过对比，人物形象更加突出，灰姑娘是学生非常熟悉的人物，用学生已知的认知去对比未知的认知，可以非常直观地看到表面上相似的爱情故事，但两个女孩却扮演着完全不一样的角色，在对比中学会分析评价人物形象，简·爱的人格魅力自然显现。

学生作品：

任务三：绘制比读还原卡

体验爱情（桑菲尔德庄园）——绘制比读还原卡

读完《简·爱》，小明认为：简·爱的故事就是一个灰姑娘的故事的变体，你同意吗？请你跟小明一起完成以下“比读还原卡”，最终得出你们的结论——还原简·爱的人物形象。

比读角度	灰姑娘	简·爱	比读感悟
童年生活	生母去世后，在继母和两位继姐的刁难下生活	父母双亡后，寄住在盖茨黑德府，被府里人欺负	二人都拥有受人刁难的童年生活，但这并没有磨灭她们二人对生活的希望，反而锻炼了她们的意志。
面对欺负	忍受屈服，不反抗	反抗反击，不把委屈往肚里咽	二人面对欺负时有截然不同的态度，更突出了简·爱自小便有的反抗精神的可贵。
获得爱情的原因	①自己本身的善良 ②王子对她的真爱	①坚持自己的原则，勇于追求自己的爱情 ②她与罗切斯特之间的爱	二人都获得自己最终的幸福，不仅由于自身的善良、坚持，还由于双方对彼此深入的深爱和自信。
面对爱情的原则	坚持自己的想法	彼此间平等，真心对待，不虚伪	二人在面对爱情时都遵照了自己的内心选择了自己的答案，这些原则反映了主人公的性格特点，如灰姑娘的真诚，简·爱的自尊自爱。
面对金钱的态度	不屑一顾	不屑一顾	二人都不屑金钱的诱惑，不受名利场的追逐，不囿于钱财织出的幻影。
故事的最后结局	王子与她快乐地生活在一起 happy ending	罗切斯特与她结了婚，男主人公的双眼复明，并也与她有了个孩子	二人在面对爱情时毫不犹豫奔向自己的选择，最后终于收获了自己圆满的结局，与自己的爱人快乐地生活在一起。
还原简·爱的人物形象	简·爱是一个在幼时便有强烈自尊心和反抗精神，长大后敢于追求自由、平等和独立人格的女性。她不安于现状，积极进取，在洛伍德学校努力学习各门功课并得到第一名。她善良真诚，最后在里德太太病危前的谈话中原谅了她。		

任务三：绘制比读还原卡

阅读11-27章，完成下面任务。体验爱情（桑菲尔德庄园）——绘制比读还原卡

读完《简爱》，小恒认为简·爱的故事就是一个灰姑娘故事的变体。你同意吗？请你跟小恒一起完成以下"比读还原卡"（比读角度可以自行增加），最终得出你们的结论——还原简爱的人物形象。

比读角度	灰姑娘	简·爱	比读感悟	还原简爱的人物形象
童年生活	①自己的亲生母亲离世过早，只能寄居在继母家里，父亲也不怎么管教。②经常被继母的两个女儿以及继母使唤做家务，丝毫怨	①早在幼年时，自己的父母就染病双双去世，只能寄居在舅妈家。②自己的表哥凶暴专横，她的姐姐散慢冷漠，[illegible]舅妈的[illegible]以及仆人的偏心	灰姑娘与简爱的童年经历的相似，都有着苦难的童年生活	简爱是一个有着强烈自尊心和反抗精神，敢于追求自由、平等和独立人格，不甘于现状，积极进取，自尊自强，不慕荣利，善良真诚的人
面对欺负	在面对这两个姐姐霸道的使唤与不讲理的要求时，选择隐忍，独自哭泣	在面对种种不公平的待遇时，如表哥殴打她时，她勇于回击，[illegible]	灰姑娘相比简爱表现得十分懦弱与自卑，没有简爱的勇敢反抗	
获得爱情的原因	在魔法的帮助下，她穿上华丽的礼服去参加王子的舞会，她独特的气质与外貌使王子对灰姑娘一见钟情，最终王子根据落下的水晶鞋找到了灰姑娘并过上了幸福生活	在火灾中救了罗切斯特，两人互生好感并互诉衷肠，在婚礼上却得知他已有一患有精神病的妻子，便离开，最终她克服重重困难，重返罗切斯特身边照顾他	灰姑娘是借自己的外貌获得爱情；简爱是借自己独特的人格魅力吸引并收获爱情	
面对爱情的原则	只要有人追求，她便欣然接受	她追求独立、自由、平等的爱情，并且在还未结婚前，保持距离不断[illegible]	灰姑娘对爱情的原则[illegible]简爱则有对爱情平等自由的追求	
面对金钱的态度	对物质有所向往，渴望得到丰富的物质生活	并不在乎过多的物质，追而更在乎精神的相爱	灰姑娘对物质的追求与简爱相比少了一份女性的独立	
故事结局	面对王子的追求，幸福地与王子生活在一起	重返罗切斯特身边，照顾他	美好的结局，都过上了幸福生活	
对于平等的追求	王子的地位高高在上，而她却只是一个普通公民，[illegible]	在得知罗切斯特有个合法妻子后，大胆地说出自己对平等爱情的追求	简爱对平等的追求更能体现女性的独立	
面对困难的办法	受到不公平待遇，只好自己默默落泪，不知所措	面对饥饿与流浪的困难，自己独立找工作解决问题	灰姑娘对自身[illegible]懦弱，简爱勇敢面对	

初三（2）班 肖媛

任务三：绘制比读还原卡

"比读"还原人物形象。

比读角度	灰姑娘	简爱	比读感悟
童年生活	被后妈和姐姐厌恶，干脏活	被舅母厌烦，被家庭排斥	小时候都备受冷漠，童年生活不如意
面对欺负	一味顺从	反抗到底	面对欺负，一人选择忍气吞声，另一人选择反抗，两人的性格截然不同
获得爱情的原因	被王子看中，一见钟情	独立地向罗切斯特争取爱情	灰姑娘的爱情来源于被动，简爱的爱情来源于主动，这与她们的性格有关
面对爱情原则	另一人有权有势，有家财万贯	两人的关系平等	一个人的爱情原则是金钱，简爱的爱情原则是平等
面对金钱的态度	对物质有所向往，渴望得到丰富的物质生活	不讨厌金钱，但自己的原则不会被金钱改变	比起灰姑娘，简爱更注重精神层次，对金钱的[illegible]
故事的最后结局	与王子过上幸福生活	与罗切斯特过上幸福生活	两人的结局都是圆满的
面对困难的解决方式	白鸽的帮助	勇敢面对，勇于克服困难，不丧失独立人格	面对困难，一人靠他人相助，另一人则是独立解决。面对困难，我们应当独立、努力解决，而不是依靠他人的帮助
还原简爱的人物形象：勇敢反抗、自尊自强、勇于追求自由、平等和独立人格，积极进取，不慕金钱财和名利			

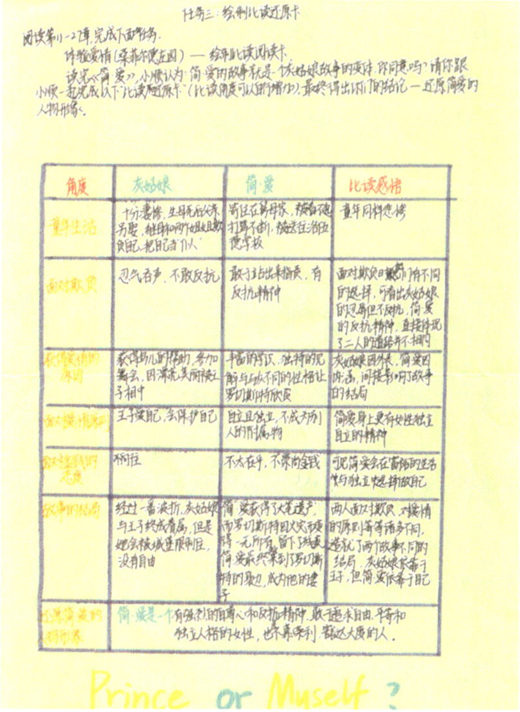

图4

任务四：撰写辩论词

阅读第28—35章，完成下面任务。

别后流离（沼泽山庄）——举办“该不该离开桑菲尔德庄园”辩论会。

九年级（1）班的同学读完《简·爱》，对于简·爱得知罗切斯特有妻子之后的出走展开了激烈争论，请你思考后，选择下面任意一方，写一篇辩论词，准备参与班级辩论会。

正方：简·爱应该出走

反方：简·爱不应该出走

设计意图：辩论是一种对思维的训练，既能培养学生独立思考，运用资料来阐析自己的观点、多角度辨析问题的能力，又能在辩论、交流中锻炼学生的口语表达能力，提升学生语文学科素养。另外，通过辩论，学生会对简·爱的爱情观、婚姻观有更明确的理解，对培养学生正确的人生观、价值观有良好的教育作用。

学生作品：

班级 初三(1)班 姓名 钱嘉慧 试室号______ 座位号

19. 作文：（字数不少于600字，答题卡共有966格）

题目：举办辩论会

别后流离(沼泽山庄)——举办"该不该离开桑菲尔德庄园？"辩论会

九年级1班的同学读完《简·爱》，对于简·爱得知罗切斯特有妻子之后出走展开了激烈争论。请你思考后，选择下面任意一方，写一篇辩论稿，准备参与班级辩论会。

正方：简·爱应该出走

反方：简·爱不应该出走

我是正方，简·爱应该出走。

第一，在罗切斯特与简·爱的婚礼上，梅森阻止了婚礼的进行，并告诉众人罗切斯特已有了妻子，是梅森的妹妹——伯莎·梅森。罗切斯特被迫告诉简·爱真相——他被骗娶了一位他不爱的患有疯病的妻子，并希望简·爱原谅他并与他在一起。简·爱所受的教育与她自己的尊严告诉她，她无法容忍当一位男子的情妇，这是简·爱自尊自爱的表现。简·爱希望的是与一位志同道合的、地位相当的男子结合。即使她很爱罗切斯特，但罗切斯特欺骗她，隐瞒自己有妻子的行为已经触犯简·爱的底线，但罗切斯特不尊重她的表现，这是简·爱作为一个独立女性所不容许的。

第二，别后流离的时候简·爱遇到了圣约翰三兄妹，他们救了简·爱，与他们相处的过程中，简·爱收获的真挚的友情，他们志趣相投，可以畅谈交聊书籍，这是简·爱在桑菲尔德府不曾有的。在圣约翰的帮助下，简·爱去了莫尔顿当乡村教师，在当教师的过程中她不断发现这些学生美好的品德，充实了自己的生活。后来简·爱被告知身世，又搬回了沼泽山庄，与她的表兄妹生活在一起，却被狂热的传教徒圣约翰要求与他结婚，简·爱在与圣约翰的情感纠葛和矛盾纠纷中无法忽视对罗切斯特的感情，作为独立自由的女性她选择平等而自由、没有功利性的感情。在离开桑菲尔德府的经历中简·爱才解开了自己的心结，能够坚定自己的选择。

因此，简·爱自己的尊严告诉她要离开桑菲尔德府，离开桑菲尔德府的旅行经历又教会了简·爱新的人生道理，她选择了人性的光辉，遵从自己的情感。离开桑菲尔德府是正确的选择。

85

班级 初三(3)班 姓名 [illegible] 试室号______ 座位号

19. 作文：（字数不少于600字，答题卡共有966格）

题目：任务四：举办辩论会

别后流离（沼泽山庄）——举办"该不该离开桑菲尔德庄园"辩论会

九年级(1)班的同学读完《简·爱》，对于简·爱得知罗切斯特先生有妻子之后出走展开了激烈争论。请你思考后，选择下面任意一方，写一篇辩论稿，准备参与班级辩论会。

正方：简爱应该出走　　反方：简爱不应该出走

反方辩词：

尊重的正方辩友：

你们好。

本场辩论中，我方观点认为：简·爱不应该出走桑菲尔德庄园。

请问对方辩友，罗切斯特先生爱简爱吗？答案是肯定的，同时简爱也深爱着罗切斯特先生。罗切斯特与伯莎·梅森的婚姻是由父亲作主的，是一场悲剧。那在此之后，罗切斯特能遇到使他燃起爱火之人是可贵的，在简爱见过罗切斯特先生后便逐渐爱上对方，这份爱是真挚的。简爱为了自己的尊严在罗切斯特先生制散后仍离开，这对双方都是悲惨的，这让我想起不吃嗟来之食之人，在黔敖道歉后仍然不吃，最后饿死在路上，二者大同小异。

请问对方辩友：简爱出走后，两个人生活好吗？显然，都不如意。简爱遗失财物后，只能乞讨，受尽冷落，险些饿死在野外，未来生死未卜。而罗切斯特先生也是如此。简·爱离开后，他郁郁寡欢，心中充满悲伤和忧愁。一日突发大火，罗切斯特原来的妻子坠楼而亡，自己也为了救助家中的仆人被压倒在倒塌的房屋下，以致双目失明，落下残疾。由此可见，简爱出走并不能带给双方好的结局。

最后再问对方辩友：简爱不离开桑菲尔德府能维护吗？应该是可以的。在她知道罗切斯特已有妻子后完全可以尊严为由，拒绝与罗切斯特结为夫妻。从简爱来看，其心中的道德与尊严完全可以战胜爱意，以家庭教师的身份留在桑菲尔德庄园，对比来看，这个结局较为友好。

最后，再次重申我方观点：简爱不应该出走桑菲尔德庄园。

谢谢大家。

90

班级 初三(1) 姓名 晏子翔 试室号______ 座位号

19. 作文：（字数不少于600字，答题卡共有966格）

题目：任务四：举办辩论会

别后流离(沼泽山庄)——举办"该不该离开桑菲尔德庄园?"辩论会。

九年级1班的同学读完《简·爱》，对于简·爱得知罗切斯特有妻子之后出走展开了激烈争论，请你思考后，选择下面任意一方，写一篇辩论稿，准备参与班级辩论会。

正方：简·爱应该出走

反方：简·爱不应该出走

我的观点：简·爱应该出走(正方)

1.从她的性格方面：简爱独立自主，力求精神上的平等自由，简·爱追求的爱情不是甜美的诱惑、财富的祈求，而是纯洁的、两颗心的平等结合，而罗切斯特有一位在世合法妻子，所以简·爱在无法与罗切斯特结婚的情况下是不愿做他的情妇的，否则，这份爱情不是平等自由的。

2.从文中简·爱的内心独白可知：她在决定离开后仍思念着罗切斯特，表明她深爱着罗切斯特，而罗切斯特也表达过对她的爱意，简·爱对他冷漠是因为他有妻子，要与他保持距离，如果继续住在桑菲尔德庄园，他们的关系有可能会更进一步，模糊不清，简爱对爱情观是干脆利落的，不会与之纠缠，为了避免这种可能，简·爱不得不把她的心弦从罗切斯特的心弦上拉开。

3.从对生活的规划：简·爱人格与精神是自由的，不被爱情束缚的且她具有独立思想，罗切斯特也曾形容她"像条鳗鱼那么滑溜，像株蔷薇那么多刺"，其次她向往新的美好生活，从她礼貌地遐想伦敦生活时说"比起我自己的生活来，要广阔多了，活跃多了，如同深深的大海和又狭又浅的小河一样"看出她不会在一处地方尤其是得不到幸福感的地方待下去，而是在一段日子终结后这里将与罗切斯特的生活的日子重新开始，所以她并不愿意留在庄园内。

综上所述，我认为简·爱应该出走，以此结束她的旧时光，终止对他的回忆与思念，以后继续切断对他的爱恋，开始新的生活。

85

图5

任务五：朋友圈晒相聚

阅读第36—38章，完成下面任务。

相聚与幸福（芬丁庄园）——用诗意的语言为简·爱发个朋友圈。

《简·爱》是一部充满诗意的小说，尤其是男女主人公之间坦露心迹的对话和描写，不但在内容上富有诗的意蕴，而且在形式上也不乏诗的韵律，当简·爱终于回到罗切斯特身边时，有情人终成眷属，这种幸福的感觉你能体会到吗？请以“相聚与幸福”为主题，以简·爱的口吻发一段100—200字的微信朋友圈。

设计意图：九年级的学生生理功能发育到成人早期阶段，稚气明显大减，行为举止、观察力等接近成人水平。学生情感方面的需求非常明显，这时引导学生关注作品的语言特色，用诗意的语言表达内心感受，既可以激发学生的表达欲，让思维逐渐走向理性，又能提升学生的语言表达能力，提升学生语文素养。能力层级为评价。

学生作品：

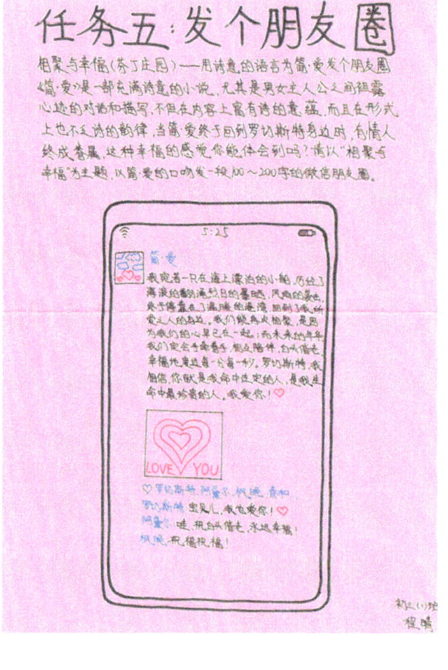

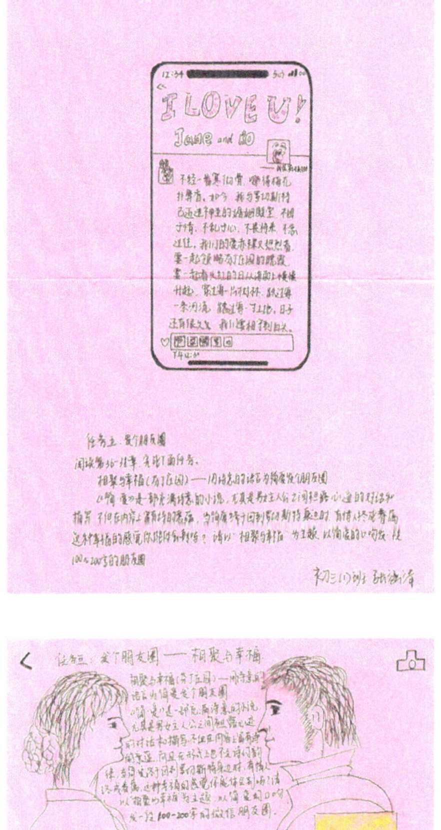

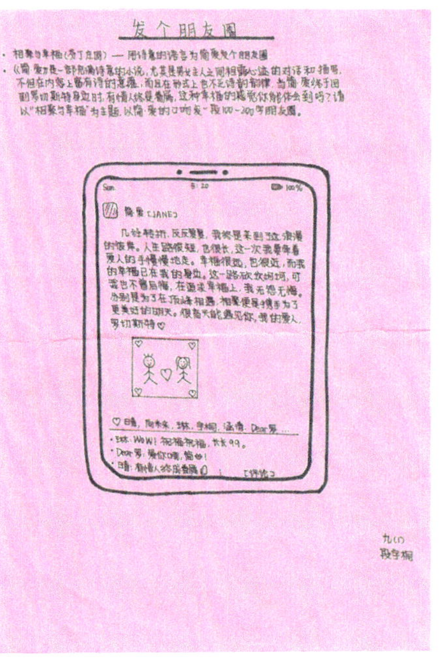

图6

第二阶段　整本书研读任务群

任务一：绘制思维导图

整本书阅读完毕，请同学们以简·爱为中心，绘制整本书的人物关系的思维导图。

要求：

① 条例清晰，归类合理。

② 要清晰备注该人物与简·爱的关系、姓名、主要特点、主要事件等要素。

设计意图： 绘制人物关系的思维导图，有助于学生对整本书的人物进行梳理，厘清脉络，感受人物之间性格的多面性、复杂性，还能引导学生发现阅读经典名著的现实意义，为最后简·爱论坛做准备。

学生作品：

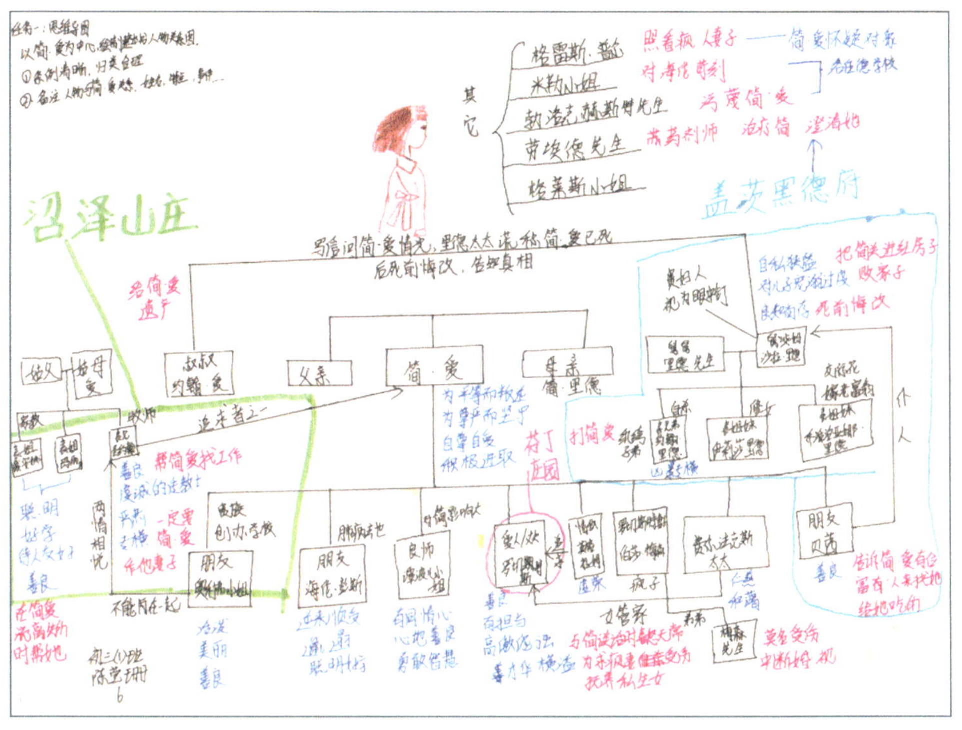

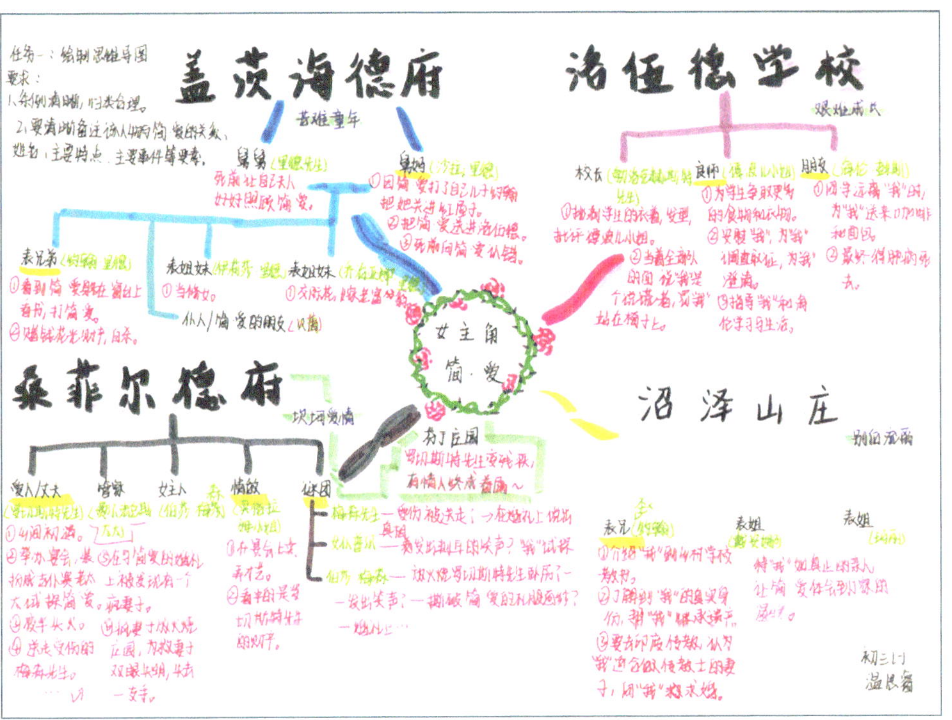
盖茨海德府
洛伍德学校
桑菲尔德府
沼泽山庄
女主角
简·爱
初三1
温思睿

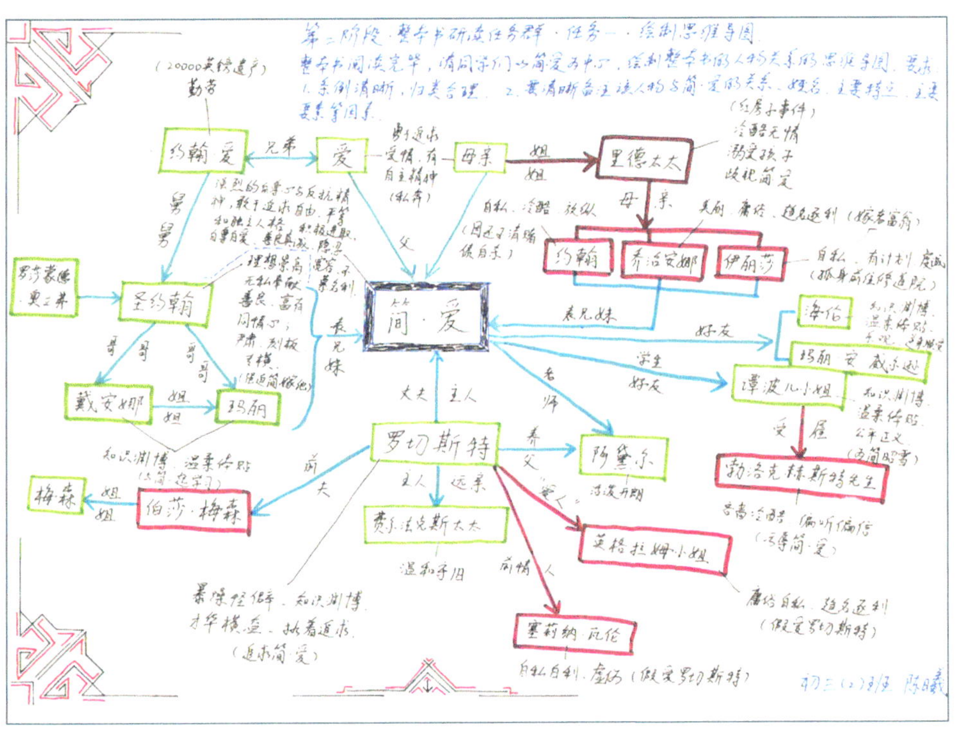
简·爱
罗切斯特
约翰·爱
圣约翰
戴安娜
玛丽
里德太太
约翰
乔治安娜
伊丽莎
海伦
玛丽·安 格朗
谭波儿小姐
勃洛克赫斯特先生
阿黛尔
费尔法克斯太太
英格拉姆小姐
伯莎·梅森
梅森
塞莉纳·瓦伦

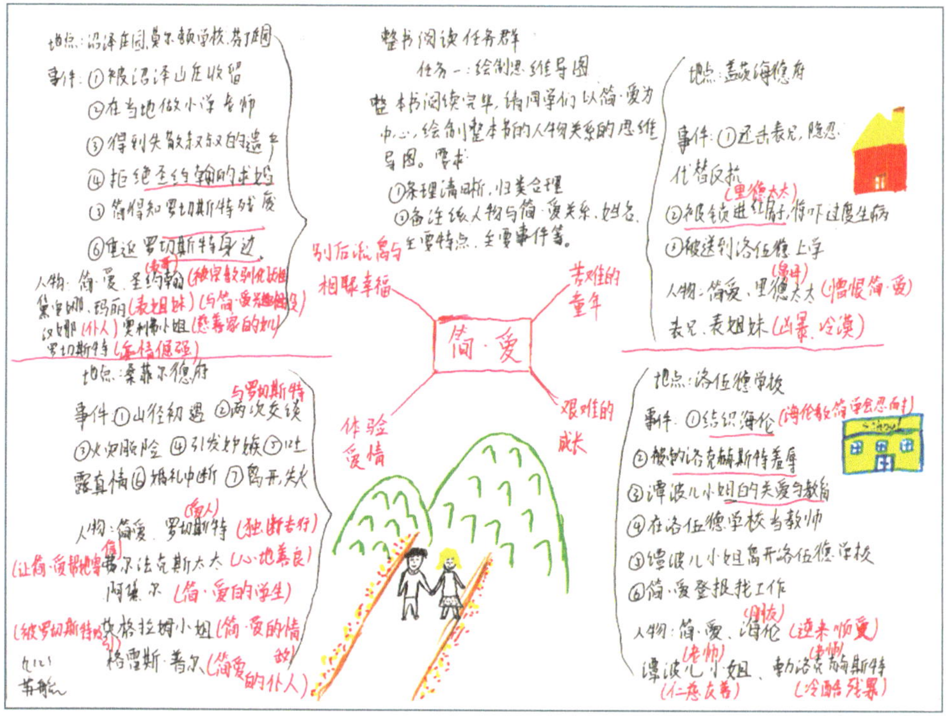

图7

任务二：撰写小论文

举办《简·爱》论坛——撰写小论文

论坛话题：今天，女性的社会地位不断提高，越来越多的女性学历高、能力强，像简·爱一样独立、自尊、有能力，但由于自身条件好，反而难以找到相匹配的男性伴侣，那么，今天读《简·爱》还有现实意义吗？简·爱式的女子真的能幸福吗？请联系现实生活，发表你的观点，写一篇300字左右的小论文。

设计意图： 简·爱论坛的设计是想让学生联系生活实际，发表自己的看法，引导学生的思维向纵深发展，以充分发挥名著的育人功能。能力层级为评价。

学生作品：

班级 九(1)7　姓名 张楚宜　试室号 01　座位号 43

19. 作文：（字数不少于600字，答题卡共有966格）

题目：独立皆无错，观念需开阔

任务二：撰写小论文

举办《简·爱》论坛——撰写小论文

论坛话题：今天，女性的社会地位不断提高，越来越多的女性学历高，能力强，但由于自身条件好，反而难以找到相匹配的男性伴侣，而被贴上了男性和女性之间的第三类人的标签。那么，今天读《简·爱》还有现实意义吗？简·爱式的女子真的能幸福吗？

独立皆无错，观念需开阔

在过去的几千年来，女性的身份地位一直十分低下，她们没有学习与工作的机会，许多贫苦女子在15岁就已结婚生子。《简·爱》的出现就是为了呼吁广大女性独立，而不是成为男人的附属。人生来平等，男女共同为人，更应该互相尊重，而不是一方被另一方随意摆布。

到如今，女性的身份地位不断提高，她们有自己的理想与观念，却因找不到理想的伴侣而成为了男性与女性之间的“第三类人”。难道女性独立是错误的吗？我认为不是的，女性同样有选择的权利。不论是男性地位高还是女性地位高，同样身为“人”，大家都是平等的，就像《简·爱》当中的罗切斯特与简·爱，他们的身份从男高女低最后转变为女高男低，但他们依旧能成为伴侣，拥有幸福生活。“第三类人”的标签的出现本身就是因为人们的思想观念还未开阔，对女性独立、对《简·爱》这部作品的理解不够透彻。《简·爱》的内涵还需我们每个人去认真挖掘。

而随着观念的不断发展与开阔，简·爱式的独立女性必定会拥有更宽广的发展空间。独立的经济、独立的人格、独立的生活而还有自由的爱情。当女性真正拥有了与男性相同的地位与权利后，她们一定能拥有理想中的幸福，摆脱“第三类人”的标签。

被抛弃的丑小鸭成为了天鹅，被排斥的独立女性也能登上顶端。希望所有女性相信：独立皆无错，我自己的生活自己选择！

90

班级 九(二)四班　姓名 李明凤　试室号______　座位号

19. 作文：（字数不少于600字，答题卡共有966格）

题目：举办《简·爱》论坛——撰写小论文

论坛话题：今天，女性的社会地位不断提高，越来越多的女性学历高、能力强，但由于自身条件好，反而难以找到相匹配的男性伴侣，而被贴上了在男性和女性之间的第三类人的标签。那么，今天读《简·爱》还有现实意义吗？简·爱式的女子真的能幸福吗？请联系现实生活，发表你的观点，写一篇300字左右的小论文。

我认为有意义。这部作品揭露了当时社会生活中女性婚姻以追求财富地位为目的的价值观念，塑造了一个在爱情上敢于追求自由、平等和独立人格的女性角色。在当时男权观念极强的社会，简·爱积极地反抗不公，追求平等和自由，依旧是现代女性的模范。她因不愿依附有地位有权势的罗切斯特而离开桑菲尔德庄园告诉我们女性要自尊自爱、自立自强。美国著名作家海伦·凯勒自幼时失明，在认字和求学的道路上经过了各种磨难，克服许多挫折后成就了一番事业。她身上体现的自立自强正是简·爱身上所蕴含的精神品质。这本书可以培养我们正确的价值观、婚姻观，及追求平等的爱情首先要学会自尊自爱，对现代的女性依旧有帮助，所以现在读《简·爱》依旧有意义。

我认为简·爱式的女子真的能幸福。她们像简·爱那样能勇敢坚持自己的内心，同时会努力地提升自我，勇敢地面对挫折。她们同样也会不甘于现状，积极进取，追求更好，是通过自己的努力方能获得幸福。同样幸福不一定是爱情上所收获的幸福，还可以是精神上的自由，行为上的独立而幸福。《儒林外史》中的沈琼枝得知自己被骗做小妾后而不是正室，独自离家出走南京，在南京卖文养活自己，在经济和精神上的独立，独立自强，自尊自爱，敢于追求人格的独立，我认为这也是一种幸福。革命女战士秋瑾在浙江绍兴准备起义，因叛徒告密，被捕遇难。秋瑾看到国家遇难而放弃爱情，积极投身于革命当中，为救国图存贡献自己的力量，我认为这也算幸福。同样，独立的女性也不该被定义，在现代社会中要勇敢绽放自己美丽的模样，勇敢去追求自己想要的幸福。

88

班级 初三1班 姓名 赵菲儿 试室号______ 座位号 47.

19. 作文：（字数不少于600字，答题卡共有966格） 任务二：撰写小论文

题目：勇于追求心中所想

在英国的旧社会，女性是没有与男性相同的自由与平等，但简·爱与众不同。她勇于追求人格独立以及尊严与平等，对于她来说，爱情是建立在双方地位平等以及尊重的基础上的。

在今天，女性的社会地位不断提高，但简·爱的故事在今天仍有现实意义。在部分偏远山区，仍然还有封建残余，女性依旧被当作生育和照顾家庭的工具，没有自己的事业、可随意支配的财产，也不能去做自己想做的事情。她们之中仅仅很少人做出抗争，大多数依旧忍耐顺从。简·爱有着抗争的精神，她敢于追求自己想要的一切，这不论在新旧社会，都是一种优良的品质，仍值得学习和借鉴。

简·爱式的女性虽然与众不同，但她们实现了自己的追求，也可以获得精神或物质上的幸福。李清照虽然是一名婉约派词人，但是她一生的事迹却如男子一般豪迈。出身于书香世家，博览群书，被称为“才女”，就是这样的大家闺秀，却主动休夫，这在南宋是惊人的举动。她与简·爱很像，都敢于追求自己想要的生活，虽然她在南渡后流离孤苦，但她也获得了精神上的富足。

不同的人有着不同的个性与追求，每个人都可以大胆去追求自己想要的。女性也有这样的权利，不应当只作为男性的附庸，去追求独立、尊重与自由，才能过上自己想过的生活，从而收获属于自己的幸福。

90

任务二：撰写小论文

论坛话题：今天，女性的社会地位不断提高，越来越多的女性学历高、能力强，但由于自身条件好，反而难以找到相匹配的男性伴侣，而被贴上了在男性和女性之间的第三类人的标签。那么，今天读《简·爱》还有现实意义吗？简·爱式的女子真的能幸福吗？请联系现实生活，发表你的观点，写一篇300字左右的小论文。

班级 初三(2)班 姓名 孙恩俊 试室号______ 座位号

19. 作文：（字数不少于600字，答题卡共有966格）

题目：任务二：撰写小论文

举办《简·爱》论坛——撰写小论文

论坛话题：今天，女性的社会地位不断提高，越来越多的女性学历高、能力强，但由于自身条件好，反而难以找到相匹配的男性伴侣，而被贴上了在男性和女性之间的第三类人的标签。那么，今天读《简·爱》还有现实意义吗？简·爱式的女子真的能幸福吗？请联系现实生活，发表你的观点，写一篇300字左右的小论文。

如今的“简·爱”

《简·爱》是英国女作家夏洛蒂·勃朗特所创的经典传世之作，书中所塑的主人公简·爱是一个自尊自爱自强、敢于抗争、脚踏实地、聪颖好学的人。在当时的男权社会，妇女地位低下，依然是从属、依附的地位。《简·爱》的出版轰动一时，为争取女权的运动提供了助力。

而今，女性的社会地位大大提升，社会上的简·爱式的独立自强的女性越来越多，读《简·爱》还有今天的现实意义吗？我认为是肯定的。《简·爱》教会我们的，不仅是要争取女权，还教会我们学会独立，敢于自不公斗争。简·爱在舅妈家并不向不公低头。在洛伍德并不总顺着大众，而是有自己独立的价值观。在桑菲尔德也不总依赖罗切斯特。毛泽东同志在年轻时也是如此，他从与父亲的斗争中争取到了权利，这让他认识到，自己的合法权利要通过斗争取得。

简·爱不因自己样貌平庸而自卑，她能够正确认识自己，从不白日做梦，而是脚踏实地争取美好。李大钊曾说“凡事都要脚踏实地去作，不驰于空想，不骛于虚声，而惟以求真的态度做踏实的功夫”，正是此理。

《简·爱》如今的价值是毋庸置疑的，但简·爱式的女子真的能幸福吗？幸福不一定要是甜美的爱情，亦可以是地位的高、财力的强、生活质量的好。简·爱式的女子一定是自尊自爱自强的，一定是拥有理想目标的，一定是有能力的。这一类的人，一旦事业更上一层楼，幸福感就会强。只要她们忠于内心，活出自我，并且坚定地干下去，怎么会不幸福呢？

88

随着社会的不断进步，越来越多的“简·爱”走上历史舞台，为美好的未来不屑奋斗。我们不应带着有色眼镜去看待她们，而应给予她们尊重，发现她们身上的闪光点，这世界将会变得更和谐。

图8